第一次自助游超简单

THAILAND

2015—2016年版

第一次
自助游泰国
超简单

邱卉婷　行遍天下记者群　编著

北京·旅游教育出版社

CONTENTS

第一次自助游泰国超简单 (2015—2016年版)

006	Chapter 1	认识泰国篇
007		玩泰国的N大理由
008		跟泰国有关的10个问题
010		泰国基本情报
012		看地图认识泰国
014		吃在泰国
019		买在泰国
022		玩在泰国
034		住在泰国

038	Chapter 2	彻底准备篇
040		收集信息
042		规划行程
045		准备证件
047		购买机票
048		预订住宿
051		准备旅费
053		打包行李

056	Chapter 3	快乐出发篇
058		出入机场
062		曼谷机场对外交通
072		当地交通工具

076	Chapter 4	达人行程篇
078		行程1：曼谷购物血拼3日游
080		行程2：曼谷贵妇SPA 3日游
082		行程3：曼谷时尚设计4日游
084		行程4：大城水上市场3日游
086		行程5：曼谷华欣历史4日游
088		行程6：清迈时尚3日游
090		行程7：清迈古城郊区3日游
092		行程8：泰北风情4日游
094		行程9：芭堤雅4日游
096		行程10：苏梅岛4日游
098		行程11：普吉岛4日游

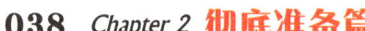

100 Chapter 5 分区导览篇

102 | 曼谷

暹罗
- Central World
- 百丽宫
- ZEN
- Big C
- 暹罗广场
- 四面佛
- 金汤普逊之家

席隆
- 帕蓬夜市
- BODY Tune
- Boots
- 蓝象厨艺学院
- 伦披尼泰拳场

苏坤蔚
- Asia Herb Association
- 东罗55巷
- 东罗夜店区
- RCA夜店区
- 苏坤蔚路24巷
- 泰国创意设计中心
- 暹罗梦幻剧场

大皇宫·中国城
- 金山寺
- 大皇宫
- 卧佛寺
- 郑王庙(黎明寺)
- 金佛寺
- 中国城

- 考山路

115 | 曼谷周边

曼谷郊区
- 玫瑰花园度假村
- 丹能莎朵水上市场
- 札都甲周末市集
- 美功铁道市场
- 安帕瓦水上市场

大城
- 玛哈泰寺
- 帕楠称寺
- 帕席桑碧寺

华欣
- 华欣火车站
- 爱与希望之宫
- Cicada创意市集
- 华欣夜市

芭堤雅
- 真理寺
- 迷你暹罗国
- 迷你雕刻艺术博物馆
- 芭堤雅文化主题乐园
- 信不信由你乐园

125 | 清迈

- 松达寺
- 帕邢寺
- 清迈古城
- 隆圣骨寺
- 假日市集

- Herb Basics
- 清迈老街
- 清迈夜市
- 尼曼明路

清迈郊区
- 双龙寺
- 博桑雨伞制作中心
- 湄登象园
- 丛林滑翔

131 | 泰北

素可泰
- 席撒查那来遗迹公园
- 素可泰遗迹公园
- 素可泰水灯节
- 帕斯拉他纳玛哈泰寺
- 旧城区夜市

湄宏顺
- 昌冈寺和昌康寺
- 湄宏顺夜市
- Meeting餐厅
- 帕德康摩寺
- 摆县
- 摆县夜市
- 爱泰村

清莱
- 金三角
- 阿卡与长颈村
- 玉佛寺
- 钟塔

- 清莱夜市
- 白庙
- 南邦
- 南邦夜市
- 马车之旅
- 雷府鬼脸节
- 清康老街

144 | 泰南·岛屿

- 洛坤
- 万佛节
- 出海赏粉红海豚

苏梅岛
- 龟岛
- 南缘岛
- 帕安岛
- 拉迈海滩
- 阿公阿妈石
- 生蚝养殖场

普吉岛
- 普吉市区
- 晋吉周末夜市
- 巴东海滩
- 巴东夜市
- 查侬寺

152 Chapter 6 旅游资讯篇

154 从饭店到机场   157 旅人资讯   158 实用旅行泰语

Chapter 1
认识泰国篇

玩泰国的N大理由	007
跟泰国有关的10个问题	008
泰国基本情报	010
看地图认识泰国	012
吃在泰国	014
买在泰国	019
玩在泰国	022
住在泰国	034

玩泰国的N大理由

世界遗产东南亚之冠

泰国境内拥有3座文化遗产和两座自然遗产,悠久的历史留下不可思议的世界,褪去了绚丽的城市外纱,呈现的是朴实与自然,让人流连忘返于这个古老的国度,一同见证泰国历史的起点。

全球最佳旅游国家

2008年,曼谷荣获旅游杂志《Travel+Leisure》票选最佳旅游城市,2010年和2012年分别再次荣获世界第一,清迈同时和曼谷分居亚洲最佳旅游城市冠、亚军。在这个微笑国度里,可以尽情大啖美食、血拼购物、按摩纾压,享受时尚与奢华,也可以一转身宛如坠入时光倒流的王朝时代,仰望大佛祥和的微笑。身处亚洲最佳旅游城市,泰国多样的风貌岂能错过。

简单英语就能通

在泰国虽然英文不是官方语言,但由于欧美游客多,在大城市及热门景点只要会简单的英语就能沟通,大大降低了旅行上的语言障碍。泰国全国各地的交通要道,也均有泰文及英文对照标志,即使初访泰国,不会泰文,旅游也能成为一件轻松愉快的事。

南洋风情热带天堂

东方夏威夷芭堤雅、海上珍珠普吉岛、世外桃源苏梅岛……湛蓝的海水、净白的沙滩,还有连绵不绝的顶级度假饭店与SPA,以及刺激的水上活动,空气中散发着浓浓的南国气息,满足所有对热带天堂的想象。

动静皆宜一次满足

感受古城风华、打高尔夫、做美容SPA、当shopping queen、潜入海平面与鱼共舞,到泰国一趟,就能让所有人体验截然不同的旅游乐趣,不分男女老少,都可以感受泰国缤纷的魅力。

花小钱吃喝玩乐游透透

高贵不贵的时尚旅店、价格平实的按摩店、丰富多样的血拼商品,还有令人垂涎的各式美食;泰铢与人民币近5.3:1的汇率,在物价消费较低的泰国,可以用小小的花费满足所有旅游的享受,绝对让您满载而归。

跟泰国有关的

1. 泰国和中国的时差？

泰国的时间比中国慢一个小时，若中国是中午12:00，那泰国就是上午11:00。上飞机之后记得要把手表的时间调慢1小时。

2. 泰国的电压？

泰国的电压为220伏特，使用双孔圆形及三孔扁插座。现在的电器大多都支持110～240伏特，先确认电器上的规格。

3. 泰国的货币？

泰国使用的货币是泰铢Thai Baht（THB），货币符号为฿。纸钞面额有฿1000、฿500、฿100、฿50、฿20 5种，硬币则有฿10、฿5、฿2、฿1和50沙丹（฿0.5）、25沙丹（฿0.25），也就是฿1＝100沙丹，所以硬币上写50与25沙丹等于฿0.5和0.25。沙丹一般在超市才会找给顾客。同时纸钞฿1000和฿100颜色相近，不要拿错了。到泰国旅游的新手一定要注意。更多货币及换汇资讯▶详见 P052

4. 打电话和上网方便吗？

在泰国使用手机漫游非常便利，但费用较高，建议可在当地便利商店购买手机储值的SIM卡或公用电话卡，两种都可拨打国际电话。若需要上网，很多咖啡厅或餐厅，以及饭店大厅或客房，大多提供免费Wi-Fi服务，购买手机SIM卡搭配每日上网吃到饱也很便宜；而曼谷网咖很普遍，游客可以多加利用。更多电话及网络资讯▶详见 P157

5. 泰国的交通便利吗？

泰国首都曼谷是目前唯一有机场快线、捷运和地铁的城市，不过因为塞车严重，加上计程车司机的英文普遍不好，除非在郊区或偏远地方，还是建议使用大众交通工具较为便利；若要搭跳表计程车，一定要请饭店代为叫车，行程上一定要预留较宽裕的交通时间。曼谷以外的城市多使用小巴士、嘟嘟车、双条车，唯一要注意的是车资，务必在上车前先跟司机谈好价钱。更多泰国交通资讯▶详见 P072

Chapter1 认识泰国篇

6 泰国的物价及消费水平？

泰国一般日常消费和中国差不多，当地品牌矿泉水价格从฿10起跳，路边烤肉、烤鱼丸一串约฿10~15，平价脚底按摩或泰式按摩，1小时约฿200~350。每年6月中至8月中的泰国惊喜大拍卖或年底大折扣，都是捡便宜的好时机，除折扣外，有些商品还可退税。更多退税资讯▶详见 P154

7 小费与杀价行情？

泰国有付小费的习惯。一般来说，帮忙提行李到房间约฿20、床头小费约每天฿20；按摩分等级从฿50~100不等；与表演者或人妖合照，每人每次约฿50~100；餐厅用餐，可将找剩的零钱给店家。杀价的话则要看地方，一般像夜市、市集、路边摊都可以杀价；较具规模的百货商场或购物中心，通常依标示价格出售，无须多费唇舌。

10个问题

出发前一定要知道的事！

8 泰国的饮食安全？

泰国是吃辣的民族，怕吃辣或不吃辣的朋友点菜时，别忘了请店家不要放辣椒。另外，泰国跟中国一样，几乎有人聚集的地方就有路边摊，若怕水土不服或有卫生顾虑，要挑生意好、当地人消费得较多、看起来较干净的摊贩，否则不如在购物中心的美食街享用地道的美食。更多泰国饮食资讯▶详见 P014

9 商店营业时间与夜生活？

银行营业时间为 09:30~15:30，百货公司或购物中心 10:00~22:00，一般来说 21:00 就会陆续打烊；便利商店同样是 24 小时；观光夜市及夜店大约从 22:00 开始营业，依规定至凌晨 02:00 必须结束。

10 一般禁忌与人身安全？

泰国人相信头部是身体最重要的部位，所以不可触碰当地人甚至是小孩子的头；而脚对他们来说是最低下的，所以千万不要用脚趾碰触他人。进入寺庙参观，不可穿凉鞋或过于暴露，最好穿着T恤及长裤裙。此外，要小心提防过度好心的陌生人，同时切勿协助与自己同行朋友以外的人携带任何物品。更多泰国安全资讯▶详见 P157

泰国基本情报

有了这些知识，是成为泰国通的第一步！

地理环境

泰国，位于东南亚的中南半岛心脏地带，土地面积约513 115平方公里，国土可分为北部、东北部、中部及南部，西北与缅甸为邻、东北接寮国、东与柬埔寨接壤，南部邻国为马来西亚。

首都

泰国首都是位于中部的曼谷（Bangkok），泰文发音简称为Krung Thep，意为"天使之城"。曼谷市面积约1568平方公里，人口约800~1000万，昭披耶河贯穿其中。曼谷是泰国最大的城市，也是一座繁华热闹，兼具传统与新潮的国际都会。对泰国人来说，曼谷往往被认为是另外一个世界，市内的建筑及软硬体设施，泰国其他地方无与伦比。

人口及种族

泰国总人口数约6950万人。其中约有1000万人集中在首都曼谷。境内的泰族约占人口比例的75%，华人约占14%，其他民族约占11%。

语言

虽然泰语是泰国的官方语言，但因为是国际旅游胜地，因此除五星级饭店和餐厅外，在泰国主要的旅游城市，大部分的店家、小贩都会说上简单的英语；不过因为口音的缘故，有时还是得比手画脚一番，才能了解对方所说的英文意思。

宗教

泰国是以小乘佛教为主要信仰的国家，约有93%的人口信仰佛教，所以境内处处可见寺庙及佛像。其他约3.8%的人信仰伊斯兰教。其他还有基督教、印度教等。

Chapter 1 认识泰国篇

国旗

现行泰国国旗,是由国王拉玛六世于西元1917年设计。蓝、白、红三色国旗中间的蓝色象征泰皇;两旁的白色代表宗教;最外围的红色则象征人民。

国歌

泰国国歌名为《泰王国歌》,是1939年国名由"暹罗"改为"泰王国"时定制。每天8:00~18:00,国内所有公家单位、学校、公园、电台、戏院、购物中心及机场等,都会播放一次国歌,而国歌播放时,无论国内外人士都必须立正或起立不动,以示尊敬,否则无论国籍,只要对国歌、国旗或皇室成员不敬,泰国警方是有权立刻逮捕的哦!

泰国皇室

泰国皇室极受泰国人尊敬,泰皇则可以说是全泰国人民的精神领袖。现今在位的泰皇为拉玛九世浦美蓬,相当受到人民的爱戴。首都曼谷大街小巷都可以看到这位泰皇的照片。曾有对泰国皇室不敬的外国人被驱逐出境,所以绝不可以在泰国人面前批评泰皇与皇室。

泰国的气候

泰国位于热带区域,属热带季风气候,全年平均气温在27℃左右,分为干季、热季和雨季。干季从每年10月~隔年2月,是最适合旅游的季节;热季为每年2~5月,气温有时会高达40℃,是一年当中最热的时候;雨季则是从5月下旬~10月,也是适合旅行的季节。因为纬度和地势的关系,当曼谷低温在24℃~26℃时,清迈的气温则在14℃左右。

政治

根据泰国宪法,泰国国王是国家的代表,但没有政治实权。泰国政府的领导人为总理,由众议院联合政府(多数党领袖)经选举出任,再由国王指定。过去,时有将军率领军队发动政变,泰国政治因而陷入动荡;历经政争,目前泰国的军队效忠泰国国王而非政府,因此泰国皇室又重新掌控泰国的军政大权。

■泰国小常识

佛教的国度

从素可泰王朝开始,佛教就已经是泰国的主要宗教。数百年来,佛教对泰国的文化影响深远,无论建筑、雕刻、绘画,乃至文学,都可看见佛教的影响力。直至今日,泰国人的生活作息仍和佛教息息相关。全泰国有九成以上的人口信奉佛教,佛寺、佛塔与身穿黄色袈裟的僧人,在泰国处处可见。

虽然佛教是泰国的国教,其他宗教信仰的人口比例非常少,但泰国人温和包容,并没有宗教或种族歧视,不同宗教信仰的人都能和平相处。

泰国男子成年后,绝大多数都会出家3个月(类似当兵),为父母及家人积功德。此外,泰国的僧人一天只吃两餐,过午不食,午餐后只喝水或流质的东西,而食物多来自信众的供养。僧人化缘有固定的时间和路线,大多在清晨从寺庙出发,接受等待的信众供养。因为佛教教义规定僧人不可拒绝信众的供养,所以荤素皆受,不过不可自行宰杀烹调荤食,也不可饮酒。

看地图认识泰国

从北到南五大分区，快速掌握当地特色！

北部 Northern Of Thailand

东北部 North-East Of Thailand

中部 Heart Of Thailand

东部 Eastern Of Thailand

南部 Southern Of Thailand

泰国全图

若把泰国地图横放，看起来是不是很像大象的头呢？泰国幅员广大，从北到南都有不同的气候和风土民情。虽然泰国位处热带地区，但冬天到泰北，仍需穿长袖、戴围巾；而现今的泰北山区，仍有部分少数民族。泰南居民则以信仰伊斯兰教为主，穿着不尽相同。这些都是微笑之土泰国的写照。

Chapter1 认识泰国篇

1 北部 Northern of Thailand

泰国北部是全国纬度最高的地区，在未纳入泰国国土之前，这里曾是独立的国家"兰纳王朝"。兰纳王朝拥有独特的民族文化，从遗留的古迹、建筑与寺庙都可以看出当时的文化特色。在气候方面，尤其是冬季，北部的温度比泰国其他地区还要低，所以许多泰国人喜欢在冬天时到北部来避暑。世界知名的旅游胜地，如，清迈、清莱、湄宏顺、摆镇、素可泰都位于泰国北部，淳朴而独特的人文风情，吸引了无数游客前往探索。更多资讯▶请见 P125

2 中部 Heart of Thailand

中部是泰国最重要的一区。首都曼谷及知名的大城、北碧、华欣等，都位于本区内。苏汪纳国际机场建设完成之后，使曼谷正式成为东南亚最重要的交通枢纽。各式新颖的高楼大厦、顶级的购物中心、国际星级饭店及 SPA 会馆，林立曼谷市区，来自世界各地的游客络绎不绝，俨然为国际都会。大城则以其宏伟的遗迹，吸引着无数爱好古迹历史的朋友们前来膜拜。位于曼谷西南部的华欣，则是泰国皇室的避暑胜地，许多五星级饭店陆续在此开幕，吹起一股低调奢华的皇室度假风。更多资讯▶请见 P102

3 东北部 North-East of Thailand

泰国东北部，即一般泰国人口中的伊森地区，位于泰国东北的高原上。与柬埔寨边境接壤的伊森南部，可见吴哥帝国在这里留下的古迹。伊森地区的景色，以自然公园和吴哥帝国遗迹最令人神往。而同样位于本区的素林，每年 11 月都会举办"素林大象节"，堪称是当地最盛大的年度活动。许多来自泰国各地区的大象，都会聚集在此进行表演，国内外的游客，也都会在这个时候相偕到素林参与盛会，场面十分热闹壮观。

图片提供／泰国旅游局

4 东部 Eastern of Thailand

向来以美丽滨海度假胜地风格著称的东部，一直是泰国当地人与欧美游客心目中最具代表性的亚洲度假区。从高娱乐性的海上活动到丰富的夜生活，芭堤雅，是相对较早开发的观光胜地；沙美岛，是东部新兴的度假小岛，以白色沙滩闻名。每到周末，不少曼谷的年轻人都喜欢来这里做个小旅行。昌岛，是仅次于普吉岛的泰国第二大岛屿，拥有丰富的自然景观，充满原始粗犷的氛围，同样深受国内外游客喜爱。泰国东部一年四季都属热带季风气候，是从事海上活动的绝佳选择。更多资讯▶请见 P123

5 南部 Southern of Thailand

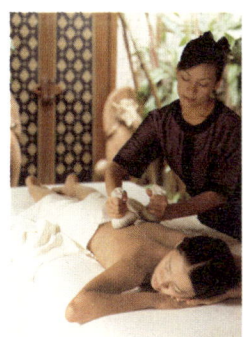

地形狭长，一路往南延伸的泰国南部，拥有许多迷人的海滩和五星级度假村。普吉岛、苏梅岛、喀比、PP 岛等岛屿都在本区，是泰国南洋度假天堂的代表。本区气候四季如夏，若要好好享受浮潜、潜水等海上活动，一定要选择在降雨较少的干季前往。此外，在南部合艾以南，靠近马来西亚的地方，可以发现浓浓的回教气息，有不少清真寺在本区，与北部、东北部及中部呈现大不相同的面貌，可以窥见泰国的丰富景观与包容性。更多资讯▶请见 P144

013

吃在泰国

泰国必吃美味料理大公开！

虽然在中国也吃得到泰国料理，不过来到泰国，当然就更能尝到真正地道的口味了！无论是凉拌沙拉、咖喱、海鲜，还有必吃的月亮虾饼，从小摊贩到大餐厅，享受泰式好味绝对不需要花大钱！

开胃菜与凉拌

1 Miang Kham

Miang Kham 是最具代表性的一道泰式开胃菜，使用泰国当地的槟榔叶，先抹上店家特制的酱料，再依各人喜好加上柠檬、洋葱、南姜、虾米、花生、辣椒、烤过的椰丝，然后卷起来，一口吃下去，酸甜苦辣的味道、丰富的层次，在口中逐一化开，让人胃口大好。路边时常可见小摊贩在卖。

2 蔬菜卷

以薄薄的米粉皮卷上多种新鲜时蔬，食用前蘸上泰式调味的酸辣酱汁，口感清爽，蔬菜的清甜滋味在酸甜微辣的酱汁提引下，味道更显丰富多层次，而且热量不高，并富含纤维质，是偏好清爽食物与维护身材者的最爱。

3 青木瓜沙拉

泰国最重要的凉拌菜，用切细的青木瓜丝，依个人喜好加入不同的佐料，如，番茄、长豆、胡萝卜、腰果等，有些人还会配上腌螃蟹、咸蛋；加入鱼露、糖、辣椒水一起搅拌，就是一盘美味的泰式青木瓜沙拉。若再搭配蔬菜或糯米一起食用，就是最地道的吃法。

4 凉拌生虾

酸酸辣辣的凉拌生虾，是最开胃的泰式料理之一。使用泰国当地的虾子，佐以由柠檬、辣椒、鱼露、蒜头、糖等调制而成的酱汁，再配上一点香菜，酸辣清凉的滋味就在口中散开。因为虾子是生的，要注意虾子是否新鲜，所以最好不要在路边摊点吃这道菜。

Chapter 1 认识泰国篇

汤品和主菜

1 泰式酸辣汤

加入香茅、南姜、辣椒、洋葱、番茄、柠檬汁，再放入主角虾子、海鲜或鸡肉，一起烹调出的泰式酸辣汤，最能展现泰国料理的精髓，也是最受欢迎的一道汤品。酸辣中带有洋葱及海鲜熬煮出的鲜甜味，大口喝下非常过瘾。怕辣或喜欢汤头浓郁的话，则可加些椰奶，别有一番滋味。

2 牛杂汤

这道用砂锅煮的牛杂汤，里头有精炖的牛筋、牛腩与牛肉，还有牛肚、牛腱、牛肝片，再放入大把的豆芽菜及青菜，和中国的牛杂汤很不一样。丰富的用料加上清淡的米粉与香浓汤头，除了滋味诱人外，价格也不贵，是一道物超所值的街头美味。

3 泰式米粉汤

泰式米粉汤，其实就是泰国汤面，口味较轻淡，不敢吃辣的朋友可以放心点这道菜。店家一般都会提供4种不同的面供顾客选择，包括鸡蛋面、宽面、细面和米粉，可以依照个人喜好选择配料，如，鱼丸、猪肉丸、肉片还有馄饨，加料不同，价格当然也会不同。如果觉得天气太热不想吃热汤面，也可请店家做干面。

4 泰式炒河粉

以河粉为主，加入虾子、豆干、蔬菜、花生一起炒成的泰式炒河粉，极具地道的泰式风味，也是游客到泰国必点的主菜之一。有时店家还会配上香蕉花和嫩葱，可一起和泰式炒河粉享用。

5 月亮虾饼

虾饼在还没有炸透时，一整片白白圆圆的，就好像满月一样，所以又称为"月亮虾饼"，是用新鲜鱼浆加上切碎的虾仁和少许青豆，裹上春卷皮下锅油炸，据说是中国台湾人综合了缅甸菜、越南菜，再加上台式口味发明的，因为在台湾地区的泰国餐厅大受欢迎，于是传回泰国，成为一道经典必尝的红火料理。

6 勘托克

勘托克（Khantoke），是泰北有名的传统餐，khan 指的是碗，tok 是一种矮的小圆台，圆台上放置一些小碗，分别盛着肉干、炸猪皮、爆米香、咖喱、炸鸡、蔬菜等佳肴，合起来就是勘托克的上菜方式。用餐时席地而坐，盘腿享用，餐后欣赏舞蹈表演，体验特殊的饮食文化。

7 泰式咖喱

加入美味椰奶的泰式咖喱，一般分为三种，有红辣椒的红咖喱、绿辣椒的绿咖喱，以及口感较甜的黄咖喱。红咖喱常与海鲜搭配；绿咖喱一般以蔬菜为主。每种都各有特色，可按照个人喜好选择。

8 咖喱炒蟹

泰式风味十足的咖喱炒蟹，也是游客到泰国必吃的美食之一。这道结合咖喱和螃蟹的料理，以咖喱粉、蟹黄、蟹膏一起烹制而成，最后再加入蟹肉，非常下饭。为了方便食用，有些店家会帮客人先去壳，以方便客人食用。

9 海鲜料理

泰国是个长形半岛，往下一直延伸到马来西亚，邻泰国湾和安达曼海，因此海产种类丰富，包括鱼类、龙虾、螃蟹、乌贼、贝类等。泰国人在海鲜的料理上，除常以酸辣汤、炒咖喱的方式烹调外，也广泛使用椰子、椰奶来调和滋味，新鲜肥美又变化多元，值得一试。

10 泰国烤肉

不光是游客，一般泰国民众也很喜欢吃泰式烤肉，包含烤鸡、烤猪颈肉等。因为这道料理是用泰国独特的鱼露、香茅及椰奶先将肉腌渍入味后，再加以烧烤，烤出来的香味比一般烤肉更加丰富浓郁，让人食指大动。

Chapter 1 认识泰国篇

街头小吃

1 路边烧烤

热狗、烤鱼丸、烤鸡肉丸、烤鱿鱼等，走在路上，很容易会被这些烤肉味给吸引住。想吃又担心语言不通的话，用手指点菜是最方便的。一般烧烤摊可以选择的种类很多，建议先问好价格再下手，也别忘了要选人多生意好的小摊，美味与安全才能兼顾。

2 烤香肠

外形类似中国的香肠，但是味道偏酸，此外还有辣味香肠与米肠，不过由于泰国米松爽不黏，因此采用泰国米制作的米肠，口感与中国的大相径庭，不妨试试。

3 肉燥馄饨

肉燥馄饨，外表看起来像是港式肠粉，小贩用特制的铁锅，上面铺层纱布，淋上薄薄的面糊，利用高温蒸气把面糊迅速蒸熟，里面包着炒得香酥的肉燥，再包成馄饨，吃的时候蘸上泰式酸甜酱，滋味更佳。

4 香蕉煎饼

泰国地处热带，自然生产许多香蕉，因此这种街头小吃便应运而生，是不能错过的平价美食。饼皮煎到熟透微焦，加上大量现切的香蕉和泰式炼乳，有些摊贩还会另外加上蜂蜜、枫糖或花生酱等，不同的创意变化，堪称饭后点心或夜宵的最佳选择，人气指数百分百。

5 炭烤土司

将土司以慢火炭烤而成，淋上店家特制的各式新鲜果酱、蘸酱；香酥的吐司搭配香滑浓郁的酱料，再来一杯香甜的泰式奶茶，很适合当早餐或下午茶。

6 现切水果

泰国有许多香甜的热带水果，像凤梨、芭乐、杜果、波罗蜜，还有果中之王榴莲。在路边可以看到许多卖水果的小贩，水果现切现卖，而且价格便宜，约10泰铢起跳。这些水果小贩的刀工都很厉害，可以顺便观赏他们的切水果技艺。

饮料与甜品

1 泰式奶茶

没喝过地道的泰式奶茶，怎能说你来过泰国呢？与其他国家的红茶不同，泰国茶叶泡出来的茶色比较深，味道也更浓郁，加上炼乳、奶水及大量冰块，随时随地来上一杯地道的泰式奶茶，清凉又消暑！

2 椰子汁

酷热的天气里来杯降火的椰子汁，是泰国人消暑的最佳良方。路边到处都有贩卖现剖椰子汁的小贩，挑选时注意一下椰子外壳是否完整，摇起来是否有很多水分的感觉，若椰子外面有烤过，冰镇过后，喝起来会更美味。

3 泰式柳橙汁

泰国柳橙因为品种的关系，颜色较接近橘色，而且比较甜，完全不用加糖就很好喝，在路边常会看到小贩现榨柳橙汁贩卖，新鲜百分百，连当地的OL都很爱喝。

4 枝仔冰

使用糖水与新鲜水果汁为原料，遵循古法制作，热带水果的鲜艳色彩让人眼睛为之一亮。摊贩推着小车在路上到处叫卖，购买时枝仔冰直接从模具里取出，清凉看得见。来自中国的朋友，一定要来试试泰式枝仔冰的口味。

5 杧果糯米

新鲜杧果搭配上椰奶风味的糯米，再撒上烤过的芝麻，这就是泰国人气第一的甜点。有些店家还会附上杧果冰淇淋或杧果布丁，内容更丰富，吃起来当然也更令人满足。

6 奶油煎饼

加入椰浆，与面粉一起调成面糊，放在铁板上煎熟，起锅前再放上鲜奶油，搭配红色或黄色椰肉丝做成配料，就是一道可口的小甜品。

买在泰国

必买泰国伴手一次全公开

泰国的特产琳琅满目，尤其在首都曼谷，如泰式服饰、泰丝、设计商品及国人熟悉的曼谷包、海苔、泡面等伴手礼（给亲朋好友的礼品），到处都能买到。物美价廉又独具风格，来到泰国怎能空手而回！

1 香氛商品

泰国自古以来就是生产各种香料、香草和草药的国家。与欧洲比起来，泰国的香氛商品以提振精神、舒缓放松为主；商品系列很多，如，香皂、洗发精、沐浴乳、身体乳、护手霜、精油等，或居家使用的香氛，种类非常多，例如 Panpuri、THANN、HARNN、ERB、KARMAKAMET、mt.sapola，都是值得推荐的当地品牌。▶详见 P108

哪里买

Asia Herb Association 址 20/1, Sukhumvit Rd., Soi4　电 0-2261-7401~3　09:00~02:00

2 泰丝商品

泰丝之所以受到全世界的欢迎，都是因为泰丝大王金・汤普逊（Jim Thompson）的推广，而他所成立的"Jim Thompson"，也成为泰丝第一品牌。从种桑、养蚕、抽丝到染色，都由当地生产制造，分纯手工与机器制作。泰丝虽然较其他丝种粗硬，但编织后的特殊风格，反而成为艺术化的商品，别有韵致。▶详见 P105

哪里买

Jim Thompson's House 址 6 Soi Kasemsan 2, Rama 1 Road　电 0-2216-7368　时 09:00~17:00

3 设计家具

因泰国政府的大力支持，家具、家电的设计都展现出与亚洲其他国家不同的风格。无论现代或古典，都能吸引消费者的目光。设计概念融合东西方文化，兼具传统与创新，让泰国设计家都能很快在国际间展现魅力，获得许多重量级的设计大奖。在 Siam Discovery Center、Crystal Design Center、JJ Market 能看到最多样的商品。

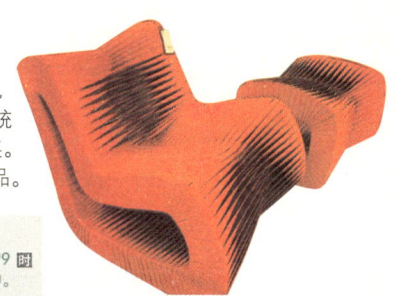

哪里买

Crystal Design Center 址 Praditmanutham Rd., (Ekmai-Ramindra) Ladprao　电 0-2101-5999　时 10:00~20:00　交 搭乘 MRT 至 Phra Ram 9 站（Phetchaburi 站往北），转搭计程车前往约 15~20 分钟。

4 曼谷包

由常飞泰国的空姐带起的风潮,已经让"曼谷包"成为到泰国一定要买的热门商品。不仅耐用、花色款式多样,最重要的是价格低廉,难怪每家曼谷包专卖店总是挤满来自世界各地的华人,也因此,每家曼谷包专卖店都有会说中文的店员,可见真的很受游客青睐。其中 NARAYA 是曼谷包最受欢迎的品牌,在曼谷 Central World 一楼设有旗舰店,商品最为齐全。

哪里买
NARAYA 址 999/9 Rama I Road, Patumwan, Central World GF 地面楼 电 0-2255-9522 时 10:00~22:00。

5 清迈手工艺品

清迈是泰国的手工艺品重镇,自 1990 年中期开始,以传统技术糅合现代设计概念而成的家居用品,更是蔚为风潮。曼谷不少名店便是由此输入艺品贩售,包括泰丝商品、柚木家具、各式佛像艺术品及木雕等,都是将古老的泰式元素与现代时尚完美结合的精品。

哪里买
Exotique Thai 址 991 Rama 1 Road, Patumwan, Siam Paragon 4 楼 电 0-2690-1000 时 11:00~22:00。

6 泰式 T 恤

泰国人天生乐观。其幽默乐天的个性又会影响到生活的各个方面。如果有机会到购物中心、夜市和跳蚤市场,往往会看到许多可爱、幽默,让人不禁莞尔一笑的 T 恤,像是泰国人常挂在口中的"Same Same"、"No Money No Honey"、"100%Single"等标语,充满泰式幽默,或是年轻人自己手作设计的各式 T 恤,一件价格也不过100~300 泰铢。▶详见 P117

哪里买
札都甲周末市集 址 地铁 MRT 札都甲公园站 电 0-2272-4440~1 时 每周六、日 09:00~18:00。

7 酸痛药膏

每个国家都有酸痛药膏,但效果好像都没有泰国制造的好,所以酸痛药膏也成为游客到泰国必买的商品之一。其中以 Counterpain 品牌最受欢迎。依照不同疗效,共分为三种类型:蓝色的擦起来会超级冰凉;红色的一擦下去,就会感受到热烫无比;最新的金色则是凝胶状,擦起来很清爽。泰国各大卖场或屈臣氏、Boots 都有贩售。▶详见 P107

哪里买
Boots 址 Patpong 1, Silom Road 电 0-2233-0571 时 24 小时营业。

8 酷鼻凉

因为泰国一年四季如夏,天气一热,往往让人容易头晕或精神不济。这时吸一口酷鼻凉,立刻提神醒脑、精神百倍,路上走三五步便可看到当地人边走边吸。现在还推出进阶版,一边可吸鼻,另一边用来涂擦。另外,精油香味的酷鼻凉,很受女生欢迎。当地价格很便宜,可以多买几条备用。▶详见 P107

哪里买
Boots 址 Patpong 1, Silom Road 电 0-2233-0571 时 24 小时营业。

Chapter 1 认识泰国篇

9 蛇牌爽身粉

铁罐上有绿色小蛇标志的爽身粉,就是泰国最著名的蛇牌爽身粉,有经典(Classic)、草本(Active herbal)及薰衣草(Lavender)等香味,许多中国游客都会特地来选购,沐浴后使用可保持身体干爽,身上会散发出一股淡雅的清香。也可洒在鞋子内当鞋粉,干爽足部并消除脚臭味。一般 150g 约 32 泰铢,相当便宜,在各大卖场及超市都有贩售。▶详见 P104

图片提供／陈志豪

Big C 址 97/11 Rajdamri Rd. Lumpini, Pathumwan 电 0-2250-4888 时 10:00~23:00。

10 手牌红茶粉

在泰国一定要喝的饮料,非泰式奶茶莫属!许多中国游客回国后,若想自己泡上一杯泰式奶茶回味,却怎么也泡不出相同的口味。这是因为当地用的红茶种类和一般不太相同,所以下次到泰国,别忘了指名购买这个大大按赞LOGO 的"手牌"红茶粉。▶详见 P104

图片提供／苏臣洋

哪里买

Big C 址 97/11 Rajdamri Rd. Lumpini, Pathumwan 电 0-2250-4888 时 10:00~23:00。

11 POCKY 巧克力棒

POCKY 巧克力棒其实来自日本,却在泰国受到游客的欢迎,是因为当地有 POCKY 的工厂,所以价格相对便宜,每包约 10~25 泰铢,而且还有泰国独卖的口味,像香蕉巧克力、打抛猪肉等,难怪游客们都是成打成打地购买。▶详见 P104

哪里买

Big C 址 97/11 Rajdamri Rd. Lumpini, Pathumwan 电 0-2250-4888 时 10:00~23:00。

12 小老板海苔

因为小老板品牌是最早进入中国台湾的,所以深受消费者欢迎,但从泰国进口到台湾地区,同样的商品可能比当地贵到 2~3 倍,所以到泰国别忘了多买一些。曼谷 Terminal 21 购物中心有小老板海苔专卖店,有许多不同口味可以选择。

图片提供／苏臣洋

哪里买

Terminal 21 址 2,88 Sukhumvit Soi 19, Sukhumvit Road. 电 0-2108-0888 时 10:00~22:00 网 http://www.terminal21.co.th 交 与 BTS 站连接,在 MRT 苏坤蔚站旁。

13 泰国泡面

泰国泡面一直很受中国消费者喜爱,最多人购买的包括酸辣虾汤、椰汁酸辣虾汤和较清淡的泰式碎肉面口味。泰国泡面往往分量较小,但后来也推出了较大分量的包装,也有杯面可以选择。▶详见 P104

图片提供／苏臣洋

哪里买

Big C 址 97/11 Rajdamri Rd. Lumpini, Pathumwan 电 0-2250-4888 时 10:00~23:00。

14 皇家计划牛奶片

泰皇为了解决泰国小朋友营养不足的问题,所发展出的营养补给品,由皇家牧场制造生产。有蓝色字体的原味和咖啡色字体的巧克力口味,每包只要 10 泰铢,不只小朋友,连大人都很喜欢。一般超市或便利商店都有贩售。

图片提供／苏臣洋

哪里买

Terminal 21 址 2,88 Sukhumvit Soi 19, Sukhumvit Road. 电 0-2108-0888 时 10:00~22:00。

玩在泰国
旅游精华一次公开

拥有多样的地理环境与丰富民族风情的泰国，一直是最受欢迎的旅游国度之一。曼谷的繁华时尚、泰北的淳朴自然、泰南岛屿的海岛风光，都在这个历史古国耀眼展现。无论喜欢哪一种玩法，泰国绝对不会让你失望！

芳疗纾压

1 精致 SPA

一说到 SPA，八成都会想到泰国。光是在曼谷，就有数万家大大小小的 SPA 中心，SPA 床更高达百万张，风行的程度实在惊人。

许多不同形式的美体沙龙，无论是顶级五星饭店内的 SPA，或是采取独立空间与建筑特色的 SPA，都让来自世界各国的旅客在这些疗程中获得充分的放松与舒展。许多 SPA 更使用自然草本元素，研发出属于自家的独门草药，以招揽更多顾客，因为竞争大、百家争鸣，SPA 就越做越精致，有些疗程还包含足浴、去角质、泡澡、美颜、美体及专属健康餐等，在私人的空间中享受着顶级的服务，真是再舒服不过了。虽然有那么多 SPA 可供选择，但每当周末或假日时，大部分较受欢迎的店家，还真没办法服务临时客人，所以一定要记得事先预约。

推荐 1 · The Baan Thai wellness SPA & Resort

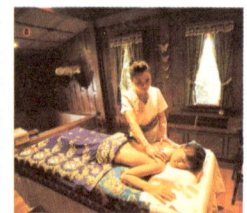

原本是只有皇室贵族才能享受的泰式按摩，直到拉玛三世于卧佛寺设立第一所大学后，这个神秘技术才流传至民间。据传当年有位师傅坚持不将技术外传，这秘技只有在"The Baan Thai"才能体验。将泰式按摩与 SPA 结合，以健康休闲养生为诉求的套装行程，包含 4 天 3 夜住宿、3 次 SPA 疗程、1 次全身去角质按摩、1 次泰式药草按摩，及每天供应的 SPA 养身早、晚餐，此外还有瑜伽与心灵冥想课程。

何处享

址 7-9 Sukhumvit 32, Klongton, Klongtoey, Bangkok 电 0-2661-4051 网 http://www.agoda.com/asia/thailand/bangkok/the_baan_thai_wellness_retreat_hotel.html

推荐 2 · Banyan Tree Phuket

位于普吉岛的 Banyan Tree Phuket 度假村，曾被知名旅游杂志《Condé Nast Traveler》读者票选为"世上最棒的 SPA 度假胜地"，美国权威旅游杂志《Travel + Leisure》则将其列入"世界十大饭店SPA"。标榜达到身、心、灵平衡，是 Banyan Tree SPA 的基本哲学。融合泰国古法与亚洲疗法的 SPA，发展出独特的品牌疗程，不但吸引了无数贵客体验，更成为这里最大的卖点。

何处享

址 33 Moo 4 Srisoonthorn Rd., Cherngtalay, Phuket 电 0-7632-4374 网 http://www.banyantree.com

2 泰式按摩

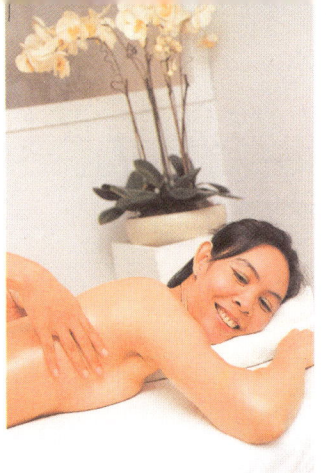

泰式按摩，原是古代泰王招待皇家贵族的最高礼节，而今却是平民化的享受。街上到处可见的按摩店，从脚底按摩到古式、精油等疗程都有。泰式按摩乃是结合瑜伽姿势及按压穴道技巧，刺激全身血液循环，增加身体内在能量，减缓身体失调及病痛。疗程从足部开始，以点压结合按揉的手法，针对人体四肢和大肌肉群进行重复拉、伸、推、捏的动作，同时通过关节的旋转，达到活动关节、舒筋活络的作用；被按摩者全身舒缓，因此也被称为"被动瑜伽"。

一般按摩价格通常依店面地点不同而有所差异，以一小时古式或脚底按摩为例，较偏僻的按摩店约250~300泰铢，若在观光夜市或饭店附近，价格约350~450泰铢不等，精油按摩则需另加50~100泰铢。由于泰国的按摩店比比皆是，除知名的连锁店外，一般来说都要看按摩师的技术，若觉得按得不错，结束后要给按摩师50~100泰铢不等的小费。

按压

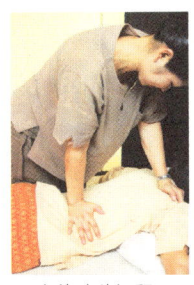

按摩者利用手掌、手肘、膝盖等处，按压被按摩者的经络。泰式按摩认为经络保持畅通，人才会觉得平静与和谐，否则就容易产生筋骨酸痛、生病的种种问题。

伸展

这是泰式按摩中最特别的方式，灵活地让被按摩者把身体极尽可能地延展，甚至让身体夸张扭转，通过神经系统的舒缓，让能量能平均地在体内流动，并达到身心和谐的境界。

脚底按摩

源自中国的按摩技术，通过按压小腿、足部、脚底的经络与穴道，可助淋巴排毒，使人消除疲劳、神清气爽，较中国传统的脚底按摩轻柔、舒适。

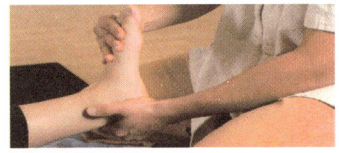

推荐 1 Asia Herb Association

提供传统按摩、精油按摩服务，并自行生产天然有机香氛产品。其中独家制作的"草药包"（Herbal Ball），采用泰国超过400年的精华配方制成。按摩后可增加草药包的疗程，芳疗师会以蒸热的草药包轻轻按摩穴道，让草药的功能进入身体，非常舒服放松。

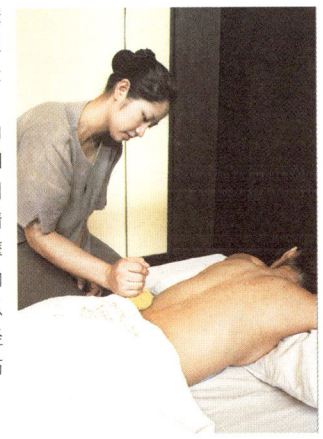

▶更多介绍，详见P108

址 20/1, Sukhumvit Rd., Soi24　电 0-2261-7401~3　时 09:00~02:00

推荐 2 BODY Tune

凭着地利之便且平价又专业的按摩技术，热门到必须事先预约，否则需要在现场等候40~60分钟。标榜正统的泰式按摩手法按压穴道，舒缓酸痛的肌肉，并释放肌肉里的能量。内部环境宁静、干净、价格平实，是血拼之后放松的好去处。

▶更多介绍，详见P107

址 56 Yada Bldg., 2nd Flr., Silom Rd.　电 0-2238-4377　时 10:00~24:00

海岛游水趣

水上活动

泰国东临泰国湾,西滨安达曼海,除滨海地区外,国土境内的热带岛屿如星罗散布,非常适合从事各项水上活动。无论在芭堤雅、普吉岛、苏美岛、龟岛、喀比、PP岛、昌岛等,都是知名的水上活动景点。到这些岛屿尽情享受南海乐趣,可说是来自世界各地游客的梦幻行程。

来到海岛可别只窝在饭店里做SPA,泰国岛屿的海上活动包罗万象,水上摩托车、香蕉船、拖曳伞、浮潜、潜水、钓鱼、赏鲸、无人岛探险、海滩派对等,刺激又有趣;想来点悠闲或静态的活动,近海游泳、踏浪,或做海滩日光浴,同样大有人在。别忘了参加水上活动一定要注意自身安全,穿上救生衣、听从专家指导及团体行动,是平安出游的不二法门。

图片提供/泰国旅游局

推荐1 喀伦海滩与喀塔海滩 Karon and Kata Beach

喀伦海滩是普吉岛第二大海滩,也是最具规模的海滩。许多游客都会来到这里尝试各类刺激的水上活动。喀塔海滩是普吉三个主要观光海滩中最小的一个,滩广阔且弯曲,非常适合游泳,有各种不同价位的休闲设备,包括饭店、度假木屋、旅行社、餐厅、酒吧及俱乐部,一应俱全。

哪里玩
地 普吉岛西南方　交 搭计程车或嘟嘟车可抵

推荐2 珊瑚岛 Coral Island

因有丰富的珊瑚群生态而得名,距普吉岛乘快艇只需15分钟,交通相当方便,所以成为众多离岛中最受游客欢迎的一座。虽然是海洋生态保育区之一,但是岛上仍提供住宿、餐厅及从事香蕉船、拖曳伞等水上活动及浮潜等水下活动,可随教练前往珊瑚礁区,潜水观赏美丽的珊瑚群及热带鱼。

哪里玩
地 普吉岛外海6点钟方向　交 从Chalong Bay搭快艇可抵

血拼享乐

1 购物中心

曼谷可以说是喜爱血拼朋友的购物天堂，不管是来自巴黎、米兰的国际级精品、泰国本地设计师的品牌，或是国际连锁平价的时尚品牌H&M、ZARA、FOREVER 21、GAP，以及创意家具家饰、泰式香氛商品、美味零食等，都能在顶级的购物商场买到。

Central Childom、ZEN、Centeral World、Siam Paragon、Siam Center、GAYSORN，还有适合全家一起逛的Terminal 21、K village，这些大大小小的商场及百货，绝对可以满足你的需求。除此之外，只要在标示着"VAT REFUND FOR TOURISTS"的地方购物，于同一日在同一家商店购物累积超过泰铢2000元，别忘了当场填写退税单，离开泰国时，还可以在机场退7%的税哦！超级划算！

 Siam Discovery Center

以"Siam"为名的三家百货其实都属同一集团。其中Siam Discovery Center是第一家标榜贩售奢华生活用品的百货公司，里面有六层楼，包括200家店铺及纪念品店、音响、家饰用品、时尚运动配件等，东南亚第一家杜莎夫人蜡像馆就坐落在六楼。每层楼都有个主题。其中最有名的是横跨两层楼的"Loft"。这是来自日本充满创意设计的家居用品；还有泰国知名创意生活用品"Proaganda"，充满泰国人的设计天分及幽默感。

哪里买

 989,Rama 1 Rd. 10:00~21:00 http://www.siampiwat.com/php/index.php

2 饭店下午茶

逛街逛累了，坐下来喝杯咖啡、喝杯茶，享受贵妇般的待遇，是旅游中极为重要的事。泰国各大五星级饭店都推出许多顶级下午茶。其中以曼谷东方文华酒店（Mandarin Oriental Hotel Bangkok）、曼谷半岛酒店（The Peninsula Bangkok）、暹罗凯宾斯基酒店（Siam Kempinski Hotel Bangkok）、曼谷瑞吉酒店（St.Regis Bangkok）、清迈四季度假村（Four Seasons Resort Chiang Mai）等最为知名。一般茶店，像是TWINING's Tea Room、TWG Tearoom、KARAKAMET、Greyhound Cafe、After you，也都是当地很受欢迎的店家。

 Erawan Tea Room

位于Erawan Bangkok百货上方的Erawan Tea Room，以仿古风格塑造出一个兼具现代与怀旧的茶屋。除供应泰式料理外，下午茶时间也提供许多特色茶点，一大盘精致点心加上一杯咖啡或是茶饮，每人消费只要150泰铢起跳，非常便宜。店内也贩售自己生产的果酱、茶类与小饼干，逛累了不妨来这里坐坐，享受一顿风味别具的下午茶。

哪里吃

 494 Ploenchit Rd. Erawan Bangkok百货2楼　0-2250-7777
http://www.siampiwat.com/php/index.php

3 The Emporium 百货

这是曼谷第一家豪华百货，当初打着"一次购足"的口号（one-stop shopping）盛大开幕，包括齐全的世界品牌精品、超级豪华电影院、儿童游戏区，及一个装潢时尚的美食大厅。虽然百货业的后起之秀纷纷崛起，但The Emporium还是宝刀未老，引进许多知名餐饮店，如，中庭的"TWG Tearoom"，是曼谷目前唯一的一家，也是最受瞩目的茶店，逛累了可在这里用餐、吃下午茶。

哪里逛

址 622 Shkmuvit, Soi 24, Bangkok 电 0-2269-1000 时 10:00~22:00 网 http://www.emporiumthailand.com/main.php

4 考山路

如果希望以背包客的形式在泰国旅游的话，那么一定要到背包客的天堂，位于曼谷的考山路。这里聚集了来自世界各地的背包客，以此为据点，交换收集信息，然后往下一个旅游地点前进，是充满冒险和异国氛围的地方。每年的泼水节、万圣节、圣诞节，到处都是欧美游客的面孔，是充满西方游人的一条路。 ▶更多介绍，详见 P114

哪里玩

址 Khao San Rd., Bangkok 网 http://www.khaosanroad.com

5 札都甲周末市集

位于曼谷北边的札都甲周末市集，是所有游客绝对不能错过的超大跳蚤市场，所见之处都是人潮。只在周六、日才营业的札都甲周末市集，无论服饰、杂货、食品、家具、旧书、二手衣、创意商品等，只要你想到的都有贩售。若想杀价，购买的数量要够多，因为最近许多商家都不太愿意让游客杀价了。想购买的商品不同，大家可以分开逛，最后约在市场中间的钟楼下碰面。除此之外也要注意补充水分，并且要小心扒手。这里都以现金交易，要准备足够的泰铢现金。

▶更多介绍，详见 P117

哪里逛

电 0-2272-4440~1 时 每周六、日 09:00~18:00

Chapter 1 认识泰国篇

文化遗产

1 大皇宫

第一次到泰国的朋友，一定要把大皇宫列入拜访行程。建于西元1783年，皇宫内包括皇宫、玉佛寺、卧佛寺、大佛塔、藏经阁、天神庙、守护神等。其中又以供奉于玉佛寺的玉佛最为珍贵，每年有3个时间，会由泰皇亲自为玉佛更换袈裟。正殿内禁止录像及拍照，切勿违规。▶更多介绍，详见P112

!Tip 小心受骗

大皇宫、玉佛寺、卧佛寺及郑王庙附近，常有嘟嘟车司机会跟游客说"今天大皇宫没开，刚好附近有珠宝店大拍卖，买到赚到"，接着将信以为真的游客带走敲诈一番，或超收车资。所以如果在这一带遇到搭讪的好心人，只须说"No！Thank you"或是根本别理他们，才是最好的方法。

拍照人板小心收费

在郑王庙周边最多。通常路边会摆放几个看似无人看管，脸部挖洞的传统泰式服装人形立板。第一次到这里的游客都会以为是免费供人拍照的，一旦拍完照之后，就会有人从一旁过来，指着下方写得很小的"40"，要你付钱。这时往往就会有不愉快的事情发生。为了避免旅途中不开心，千万别使用这些拍照道具！

2 大城

可从曼谷一天来回的大城，曾是泰国首都，虽然在西元1767年遭到柬埔寨攻击而没落，但仍留下许多寺庙与佛像遗迹。必游景点有玛哈泰寺树中佛首、罗亚苏塔兰寺的户外卧佛、帕楠称寺与帕席桑碧寺。由于遗迹范围广大，可在大城火车站附近租脚踏车游览，并记得多喝水！▶更多介绍，详见P119

3 清迈古城

清迈，这个在泰国人心中如同玫瑰般美丽的城市，一直到19世纪末，仍是独立治理的国家，所以在建筑、美学上，都还保留着兰那王朝的文化特色。旧城区内保存有许多历史悠久的古寺，如松达寺等，相当值得一探；还有清迈艺术文化中心，展示着清迈的前世今生。当然不要忘记到老街上逛逛，传统的商店及怀旧咖啡馆，很有风味哦！

▶更多介绍，详见P125

5 素可泰遗迹公园

被列入世界遗产的素可泰遗迹公园，因为占地面积极大，若想逛完绝对需要一整天的时间，可以租脚踏车或摩托车游览公园。素可泰遗迹公园大致分城内、东边、西边、南边和北边，5个地方分别有不同的售票亭，也可购买含参观兰坎亨国立博物馆（King Ram Khambaeng National Museum）的优惠套票，喜欢历史古迹的朋友绝对不能错过。▶更多介绍，详见P133

4 清莱白庙

一般游客俗称的白庙，其实正确名称应该是龙坤寺。该寺庙位于清莱市区，西元1997年由一位泰国知名艺术家 Chalermchai Kositpipat 建造，至今尚未完成。在以金色为主的泰国寺庙里，采用白色为外观颜色的庙宇，在泰国十分罕见，因此吸引了许多游客前来参观。▶更多介绍，详见P140

Chapter 1 认识泰国篇

民俗风情

1 水上市场

泰国有许多水上市场。其中以位于曼谷周边的丹能莎朵水上市场和安帕瓦水上市场最为有名。丹能莎朵水上市场属于观光水上市场，只在上午营业；而安帕瓦水上市场则是傍晚的市集，每周五～日的黄昏最为热闹，除游客外，连当地的泰国人也爱来这里走走逛逛。水上生意的船家和两岸的美食小铺，还有创意设计商店、咖啡厅、茶店、泰式按摩店等一应俱全。天气好的话，晚上还可搭船到远一点的水域赏萤火虫。▶更多介绍，详见 P118

3 铁道市场

美功铁道市场之所以闻名，是因为在网络上流传的影片，只要看过的人都会觉得非常有趣。原本是个平静无奇的传统市场，等到火车即将进站或出站时，所有的摊商便快速收摊，一下子就空出铁道让火车经过，之后摊商又立即把货品推出来，像什么事情都没发生过一样，有机会一定要去亲眼看一次。▶更多介绍，详见 P118

2 长颈族

如果想探访只在图片上看过的长颈族，也就是巴当克伦族村落（Pa Dong Tribe Village），那就必须从泰北的湄宏顺出发。长颈村位于湄宏顺郊区，到此地参观需要入场费用，而这些费用是用来贴补当地族人的生活费。建议购买行程或是请导游来此，会比较便利、安全。

▶更多介绍，详见 P139

029

主题秀

1 泰拳

泰拳（Muay Thai），是泰国独有的拳击赛。在曼谷的泰拳场，每天至少都有一场泰拳赛在举行。如果没有机会亲临现场感受那种热烈的气氛，周末的时候，泰国电视台都会有现场转播，也可好好欣赏一番。

▶更多介绍，详见P107

2 人妖秀

只要第一次到泰国旅游，好像都要欣赏一次人妖秀。其实抛开演出者的性别，可以欣赏到富丽豪华的舞台表演和演出者妖娆妩媚的姿态，还是能够乐在其中的。有时人妖会耍点泰式幽默，请台下的男性观众一起上台同乐。演出结束后，人妖和舞者们会聚集在广场，与游客一起拍照，记得要给小费。千万不要错过这泰国独有的人妖文化。

4 大象表演

早期在泰国，大象是用来运送木材的，但因后来砍伐树木受到禁止，所以这些大象摇身一变，成为观光大使，载着游客深入树林，欣赏泰国的丛林之美。另外，在曼谷与清迈，也都有度假村及大象学校训练大象表演，供游客欣赏。喜欢大象的朋友，有机会也可参加每年11月在泰国东北素林（Surin）举办的大象节，届时来自全泰国的几百头大象都会在此聚集，极为热闹。▶更多介绍，详见P116、P130

3 暹罗梦幻剧场

泰国暹罗天使梦幻剧场，也是非看不可的声光大秀。斥资4千万美元，打造出泰国规模最宏伟华丽的剧院，2000个豪华座位，加上列入金氏世界纪录的大舞台，运用超过100组布景和道具，由150名演员轮番上阵，还有顶尖神奇的舞台效果，演出一幕幕泰国文化艺术及信仰，不仅节目精彩，舞台场面更是极为壮观。每场表演90分钟之内就会结束，就算语言不通也能看得懂。

▶更多介绍，详见P110

Chapter 1 认识泰国篇

情色夜生活

1 曼谷夜店

喜欢夜生活的朋友，到曼谷一定会玩得乐不思蜀。曼谷的夜店有许多不同种类，多集中在 RCA、Thong Lor、Ekkamai 区。像是泰式的 CLUB 通常会有个演唱舞台或 Live House，以及 DJ 表演；而 PUB 或酒店类型的夜店，则以乐队演奏为主，客人可以小酌一番。也有夜店会请来世界知名的 DJ 表演，炒热现场气氛。▶更多介绍，详见 P109

2 钢管 Go Go Bar

早期曼谷、芭堤雅地区的情色夜生活，一直很受游客欢迎，直到后来泰国政府大力整顿，所有的夜生活及娱乐都会在凌晨两点结束。第一次到泰国的朋友，如果想看看这些表演，可到介于二者之间的"Go Go Bar"。此类的夜店或小酒吧，店内空间通常不大，会有穿着比基尼的辣妹，随着店内的音乐，绕着钢管起舞，同时她们身上会有号码牌，只要客人对她们有兴趣，都可以请她们下来聊聊天、喝杯饮料。除了辣妹 Go Go Bar 之外，也有只身着内裤的猛男 Go Go Bar。客人除了同志，也有许多女性朋友，有些店家会有反串歌舞表演，非常特别。到这种类型的店内消费，基本上只要点一杯饮料，不需门票。每间 Go Go Bar 的尺度不同，想去一探究竟，最好与三五好友一起行动比较安全，不建议单独前往。

Tip 前往 Go Go Bar 须注意

一般而言，Go Go Bar 多集中在帕蓬夜市周边，也就是捷运 BTS 莎拉当 Sala Dang 站附近，那那 Nana 站附近也有几家。

1. 到这类店家消费，一定要向店经理问清楚价格再消费，以免造成困扰。
2. 有些店家会检查护照，可以携带影本。
3. 避免到位于二楼以上的店家消费。
4. 先看看店内是否有客人，如果没有客人，建议换别家店。
5. 千万不要一个人，务必与三五好友一同前往。
6. 切勿和路上前来搭讪的陌生男女进行任何交易。
7. 若有特殊消费，一定要注意自身安全，做好保护措施。
8. 随时注意自身贵重物品与钱包。

独有节庆

1 宋干节

宋干节,就是大家所熟知的泼水节,同时也是泰国新年,是一年之中天气最热的时候。每年4月13～15日,泰国各地都会有热闹的庆祝活动,而其中以清迈的泼水节最为有名。过去原本是每年泰国新年时,由僧侣在寺院以水泼洒祈福,演变至今,成为只要拿到任何盛水容器、水枪、宝特瓶等,大家便大洒特洒,庆祝新年的到来。泰国的泼水节也是世界最知名的节庆之一,所以在这一天会涌进许多来自全世界的游客一起同乐,好好享受泼人冷水和被泼的乐趣。

2 水灯节

每年泰历的第12个满月日,即西历的11月中旬,泰国各地皆会举办水灯节。其中,以素可泰遗迹公园举办的庆祝活动最为有名。水灯节是为了感谢河神的照顾,给予人民丰收的一年而举行,通常泰国人会亲手制作各式花朵、蜡烛、香的水灯,有时还会放入钱币,将水灯漂放到河里。夜晚的河水上漂浮着点点灯光,充满浪漫的气氛,所以也有人说这是泰国的情人节。除了水灯之外,通常会施放天灯和烟火,甚至还有民俗表演,热闹景象非凡。

3 清迈花节

因为清迈及其周边是盛产花卉的地方，每年二月初的时候，清迈都会举办一年一度的清迈花节。泰国许多地方一年四季如夏，只有到清迈才能感受到清凉一点的气温，于是这时来自泰国各地的游客都会涌入清迈，一起庆祝这个节日。庆祝活动会安排各式花车游行及花节美女选拔，还有花卉博览会，整个城市顿时长满了花朵似的，百花争艳，美不胜收。

4 素林大象节

位于泰国东北的素林，在每年11月的第三个周六及周日，都会动员来自全泰国的大象，一起聚集到这个地方，举办大型的庆典。在这两天当中，到处都是大象和观光客，活动现场可以看到大象的特技表演，如，大象踢足球，并且重现古暹罗时期的象战，非常难得一见。这也是近距离接近大象的最好时机，喜欢大象的朋友可不要错过哦！

5 泰皇生日

每年的12月5日是现任泰皇蒲美蓬的生日，同时也是泰国的父亲节。泰国人非常敬爱泰皇，如果在这个时间到泰国旅游，就会发现街上到处都有泰皇的照片，同时在皇家广场也会举办盛大的庆祝活动，泰国总理及政府官员、民众都会一起出席庆祝。除此之外，许多泰国民众都会自发地手持黄色蜡烛，一起唱国歌，共同来为泰皇的健康祈福，同时当晚许多地方也会施放烟火及天灯，场面非常盛大。这在其他国家是很少见的。

6 惊喜大特卖

每年6月中至8月中的惊喜大特卖（Amazing Thailand Grand Sales），是到泰国血拼的最佳时机。许多泰国的时尚设计品牌、设计家具及家饰品，是中国没有的，所以把握这段时间到泰国旅游顺便购物，就能享受到极优惠的折扣，最低可打到1折，有些商品打完折扣之后，还能到机场退税！难怪有人说泰国才是真正的购物天堂。

住在泰国
舒适奢华让人流连忘返

选择一家自己喜欢的旅店是很重要的，在旅途中获得充分休息才能玩得开心。泰国旅馆最棒之处，就是提供给游客各式各样的住宿选择，无论是国际顶级的星级酒店、时尚精品旅馆、特色民宿或背包客旅店等，让游客可以依照自己的预算选择，体验各种住宿经历。

星级景观餐厅饭店

1 Sirocco

位于曼谷State Tower 的"LE BUA"饭店，其63~67楼天台分别有四家餐厅"Sirocco"、"Distil"、"Mezzaluna"、"The State"。其中63楼的"Sirocco"天台餐厅与星空酒吧视野最佳，以地中海料理为主。星空酒吧的建筑物往外延伸，感觉有悬浮在曼谷上空的超快感！由于Sirocco是曼谷极为知名的景观餐厅，还吸引了电影《醉后大丈夫2》在此取景拍摄。由于是高档餐厅，因此来到这里要注意须着正式服装，勿穿着牛仔裤、T恤及拖鞋。一客美食料理约3000泰铢起跳，单纯喝调酒则只要几百元泰铢即可。

哪里住
址 1055 Silom Road, Bangrak, Bangkok　电 0-2624-9999　网 http://www.lebua.com/bangkok

2 Baiyoke Sky Hotel

该饭店位于水门市场旁。其中76、78楼的"Bangkok Sky Restaurant"，主要提供Buffet及海鲜料理。其中Buffet，包括欧式、美式、日式及泰式等多国佳肴。餐厅座位环绕窗边，拥有360°不同视野的夜景可欣赏；位在83楼的"Roof Top Bar"&"Music"，每天皆有驻唱乐团，可以边赏夜景边饮美酒边听音乐；至于82楼的"Crystal Grill"以烧烤料理为主，另外还有一家海鲜自助餐厅。特别的是，只要在饭店餐厅消费就可免费到77楼的观景台及最顶层的84楼露天旋转观景台，尽情欣赏曼谷夜景，与在室内用餐看夜景，有着截然不同的体验。

哪里住
址 23rd Floor, The Millennia Tower, 62 Langsuan Rd. Lumpini, Pathumwan, Bangkok
电 0-2651-9501

Chapter 1 认识泰国篇

顶级度假 SPA 饭店

1 悦榕庄

悦榕庄集团（Banyan Tree Hotel and Resorts），是著名的度假连锁饭店，唯一位于都会的饭店就在曼谷；相较于其他地方悦榕庄的宽敞悠闲，曼谷悦榕庄则显得时尚、细腻。曼谷悦榕庄把最受欢迎的精油产品发挥得淋漓尽致，选用疗程房间，除可直接在房间内进行精油疗程外，桌上还放置着香氛精油器具，供住客免费使用。值得一提的是，若想搞浪漫，在浴缸内洒满玫瑰花，只要事先向饭店要求，他们可以提供免费服务哦！

地 21/100 South Sathon Rd., Bangkok 电 0-2679-1200 网 http://www.banyantree.com

2 Chedi Chiang Mai

坐落于度假胜地清迈的Chedi Chiang Mai，昔日为英国领事馆，位于湄滨河畔，在世界知名的GHM旅馆管理集团进驻后，改建为时尚奢华的酒店。每间房都备有独立浴池，私人空间感十足。而Chedi的自家品牌"The SPA"，最为人津津乐道的便是四手按摩，有5款自家出品的精油，无论涂抹或作为香薰都很迷人。除提供Chedi特有按摩外，也有传统古法泰式按摩和热石穴位按摩，入住于此，无疑是最低调奢华的享受。

地 123 Charoen Prathet Rd. T.Changklan A.Muang,Chiang Mai 电 0-5325-3333 网 http://www.ghmhotels.com

3 Sukko Cultural Spa & Wellness

以优质SPA荣获2008年泰国最佳观光饭店的Sukko Cultural Spa & Wellness，虽然坐落在车水马龙的普吉岛市区，却是一处与世隔绝、闹中取静的私密天地。房间采取独栋式设计，为了让游客享有更私密的空间，每间房都拥有独立的门户与阳台。来此住宿，当然不能不体验这里的SPA疗程。专属的SPA房间，淋浴间天花板采用透明玻璃，不用担心被偷窥又可尽情享受大自然的洗礼。此外，这里每天都固定有瑜伽课程，也深受游客的喜爱。

地 5/10 Moo 3,Tumbon Vichit,Amphur Muang,Phuket 电 0-7626-3222 网 http://www.sukkospa.com

图片提供／Chedi Chiang Mai

精品设计旅店

1 曼谷维亚精品酒店

　　维亚精品酒店（VIE Hotel Bangkok），是M Gallery（M画廊）集团在全亚洲的第一家酒店。此系列旅馆以塑造品位如画廊般的酒店为特色，在踏入饭店大厅的一刹那，映入眼帘的是充满艺术气息，又让人同时感受到低调奢华的Lobby和VIE Lounge。不同于一般连锁的五星级酒店，这里提供更加个性化的服务，而且空气中弥漫着VIE Hotel Bangkok法式香草氛围，令人陶醉。

哪里住
址 117/39-40 Phaya Thai Road, Ratchathewi, Bangkok　电 0-2309-3939
网 http://www.viehotelbangkok.com

2 丽仕精品饭店

　　丽仕精品饭店（LUXX XL HOTEL），应该是无印良品风格旅店的最佳代表。采用原木设计的客房及室内空间，让入住的房客像回到自己家一般舒服自在。饭店里设置一处约12米长的游泳池"dip"，如同个人专属般私密。饭店同时设计了充满纽约风格的餐厅"MILK"，大面积的玻璃窗，采光良好，坐在这里用餐或是喝饮料，可以居高临下，观览泳池与充满绿意的后花园，好不悠闲。

哪里住
址 82/8 Langsuan, Lumphini, Bangkok　电 0-2684-1111
网 http://www.luxxxl.com

平价优质旅馆

1 苏坤蔚之家

　　苏坤蔚之家（Baan Sukhumvit），外表看起来不甚起眼，一走进去立刻感觉气势不凡。旅馆主人自称这是"全曼谷最好的精品旅店"。装潢摆设以素雅简单的风格，诠释着泰式风情，房间内的床组比照高级饭店的规格。每个楼梯转角与畸零地也有匠心独具的设计。服务人员英文极佳，而且可以免费使用网络。

哪里住
址 392/38-39 Sukhumvit Soi 20, Bangkok　电 0-2258-5622
网 http://www.baansukhumvit.com

2 Buddy Lodge Bangkok Boutique Hotel

　　充满英国古典风格的Buddy Lodge，属于泰国最大的平价旅馆Buddy Guest House集团。清爽舒适的房间里，欧式玻璃彩绘灯、英式绣花沙发及泰国传统刺绣、雕刻等东西方艺术巧妙融合。此外，2楼的爱尔兰酒吧极富特色，24小时全天候营业，可随时去喝两杯，楼顶还有游泳池及SPA。

哪里住
址 265 Khao San Road, Bangkok　电 0-2629-4477
网 http://www.buddylodge.com

Chapter 1 认识泰国篇

民宿与背包客旅馆

1 考山路背包客旅馆

曼谷的考山路是背包客的集中地，也是观光客最密集的一条街道。这条长不过300米的道路，多年前还仅有两家背包客旅馆，但这些年陆陆续续已经超过上百家。许多经济型的旅馆会聚于此，提供单人房、双人房，甚至是只有床位的住宿服务，即使密度如此之高，也常常一房难求。由于这里有大量来自世界各地的旅客，因此餐厅的种类也相当多元，可以吃到各种美食，连酒吧、咖啡厅甚至干洗店都纷纷在考山路上设立。此外，这里也有相当多的旅行社，提供代办签证、便宜机票等服务。最知名的是Sawadee集团的5家旅馆：Sawadee Bangkok Inn、Sawadee Banglamphoo Inn、Sawadee Khaosan Inn、Sawadee Krungthep Inn、Sawadee Smile Inn，因为是集团连锁饭店，品质比较有保障，初到曼谷的背包客可以利用。

哪里住
Sawadee Welcome Inn 地 5-7 Soi Rongmai, Chao Fa Road, Bangkok 电 0-2629-2321 网 http://www.sawasdee-hotels.com

2 AK House

民宿主人ＡＫ，是到泰国从事民宿业的第一位中国台湾人，距离BTS安努站On Nut步行约3分钟，邻近四面佛、Big C等景点与大型购物中心。民宿内设有洗衣机，楼下也有按摩店，对面还有7-11，地点与生活机能都相当便利。除可用中文沟通外，ＡＫ民宿也提供不少泰国景点的套装行程，可依自己的需求向民宿购买，非常适合自助游的旅客住宿。

哪里住
地 90 Sukhumvit 81 Road Prakanong Bangjark, Bangkok 电 08-5837-7678 网 http://www.akhousebkk.com

3 Vacio Guest House BKK

这是一对来自中国台湾的姐妹在曼谷开的民宿，因为热心帮住客解决许多与泰国相关的问题而受到国内外游客的喜爱。民宿地点靠近热闹的BTS阿索克Asoke站，同时也是地铁MRT和捷运BTS的交接处。主人来自中国台湾，在这里说中文也可以，很适合第一次到曼谷的朋友。

图片提供／Vacio Guest House

哪里住
地 160 Sukhumvit Soi 16 Klongtoei, Bangkok 电 +66-866-630-978（Monica）；+66-899-363-838（Ashely）；泰国当地：0-866-630-978 网 http://vacio2011.pixnet.net/blog, Email：vacio2011@gmail.com

准备工作流程表

七大步骤 顺利出国！

步骤 1 收集信息
出发前先从旅游书籍、网站、旅游局等查询泰国旅游的相关信息，吸取前人的经验，并了解当地旅行的注意事项。
▶详见 P.040

步骤 2 规划行程
对当地有了清楚的概念之后，依照旅游地区、主题、天数或预算，来规划详细的旅游行程。
▶详见 P.042

步骤 3 准备证件
护照与签证是出国游最重要的证件。没有护照、护照有效期限在半年以内，或是护照过期的，一定要记得提早办理。国人赴泰国尚须办理签证，护照办妥后就需着手办理签证了。
▶详见 P.045

步骤 4 购买机票
先查好航空公司与航班时刻，再通过旅行社、票务中心或航空公司等网站，比较机票价位，注意各家航空公司及旅行社的优惠信息，可以省下更多旅费。
▶详见 P.047

符号代表信息
交通方式　相关网址　营业时间　参观门票　费用　详细地址　相关电话　备注事项

Chapter 2
彻底准备篇

步骤 5

预订住宿

确认好出国时间后，就可以按预算和需求，通过网络、电话或传真预订旅馆，也可通过旅行社代订。尤其在旅游旺季时，一定要确定住宿后再出发，千万不要到当地才拖着行李找饭店。

 详见 P.048

步骤 6

准备旅费

泰国一般物价水准虽然相对较低，但在度假村、SPA饭店及各游乐场所，仍需一定的消费，事先算好所有费用，研究节省开支的妙方，让旅游预算更充足，才能玩得更尽兴。

▶详见 P.051

步骤 7

打包行李

泰国气候炎热，无须携带厚重的衣物，但切合当地旅游性质的衣物还是要带齐。特别要注意泰国海关的法令，哪些东西是违禁品，切勿携带。

▶详见 P.053

收集信息

信息一把抓，吃喝玩乐畅意游！

1 参考优质旅游书籍

不少人认为自助旅行最大的乐趣就是旅行前的信息收集，通过旅游资讯的收集，量身规划属于自己的完美旅程。市面上有许多种类的旅游书籍，精心挑选资讯最齐全、景点最丰富的旅游指南，绝对让你事半功倍。选书时要特别注意出版日期及是否为最新版本，否则到当地才发现资讯已变更，可就麻烦了。

●《泰国》（乐游全球自由行）
旅游教育出版社出版

●《泰国玩全指南》
旅游教育出版社出版

本书除了整体介绍泰国的迷人魅力外，还分区分块、从北到南对整个泰国旅游地区进行了具体的介绍，如曼谷、普吉岛、苏梅岛、清迈等，囊括了丰富多彩的实用自助游信息、旅行达人推荐的金旅游路、精品景点、吃喝玩乐热地，并精心设计交通方式及路、住宿指南、文化专题、赴泰前的准备工作、赴泰后的注意事项，信息实用、参考性。另外，本书卷首特制作的超大实用折页地图，文中精心绘制的多幅城市详细地图，清晰标示了各大街道、地标、景点、餐厅、酒店、乐场所等位置，可轻松按图索骥。

《泰国玩全指南》是以泰国为单位编写的旅游指南，囊括了游客在泰国购物、娱乐、就餐、旅游、交通等诸多信息，并附有较详细的地址、电话等资料。

与同类旅游图书相比较，从内容上看，本书信息丰富，内容全面，既有旅游信息，又有消费娱乐信息，可以满足旅行者全方位的需求；从编排上看，本书结构清晰有条理，较为新颖，符合一般旅游图书的市场需求；从语言表达上看，活泼生动，具有较强的可读性；从装帧上看，本书图片精美，版式设计美观有创意。总体而言，本书是一本不错的旅游指南，可以满足旅游者全方位的需求。一书在手，旅游泰国不用愁。

●《文化震撼之旅·泰国》
旅游教育出版社出版

要适应任何一种新的文化，总有无数需要学习和感知的东西。《文化震撼之旅·泰国》由具有第一手实际经验的作者所著，包含了你必须了解的相关知识：如何用简单的步骤正确地鞠躬，在人家里用餐时哪些不应该做，在泰国购物时有哪些"砍价"窍门……阅读此书，会使你在各种文化间轻松愉悦地转辗游。

本书不是一般的旅游指南，而是一本精彩纷呈、不可或缺且人人必备的泰国深度旅游文化读本，专为想要真正了解泰国文化的旅游者以及移居、留学泰国或长期访问居留者所作。本书作者都亲身经历过文化适应过程中的酸甜苦辣，他们有足够的资格向那些希望完全融入各种相关文化的人提供热情而详尽的建议。作者以活泼、诙谐的笔调，呈现了以下内容：

深刻剖析当地的文化传统；
建议如何适应当地的环境；
提供日常生活的基本窍门及语言方面的帮助；
介绍如何充分享受旅行带来的乐趣。

2 官方网站搜寻关键字

在网络如此发达的时代，只要上网就可以轻松搜集各种旅游资讯，如景点介绍、交通、住宿等，重点是完全免费！如果在行程规划上遇到困难，也可通过旅游论坛寻求达人解答，弹指之间，就能轻轻松松认识泰国。

泰国国家旅游局各大办事处

泰国国家旅游局（Tourism Authority of Thailand），是泰国专门负责旅游推广的政府组织，负责提供旅游信息，宣传泰国及其旅游，对相关项目和人员进行规划和提供支持。目前，泰国国家旅游局在中国大陆有5个办事处，分别在北京、上海、昆明、成都、广州。

泰国国家旅游局中国的官方网站
http://cn.tourismthailand.org

泰国国家旅游局的官方网站，网页下方的"International Sites"可点选自己所属国家的语言。此官方网站内容相当丰富详尽，不仅有泰国各地区最新的第一手旅游资讯，包括交通、住宿、饮食、购物等，以及旅游局推出的各种活动报道、泰国各地区风土人文的详细介绍。更棒的是，网站内的特殊服务专区，提供航空自由行、饭店优惠等专案，还有套装行程，非常贴心。此外，旅游经验分享专区内有各国游客的旅游故事及小叮咛，让更多自助游旅客可以在出发前先做好万全准备。

携程旅行网
http://www.ctrip.com

作为中国领先的在线旅行服务公司，携程旅行网成功整合了高科技产业与传统旅行业，向超过9000万会员提供集酒店预订、机票预订、度假预订、商旅管理、特惠商户及旅游资讯在内的全方位旅行服务，被誉为互联网和传统旅游无缝结合的典范。

携程的度假超市提供近千条度假线路，覆盖海外众多目的地，并提供从北京、上海、广州、深圳、杭州、成都六地出发，是中国领先的度假旅行服务网络。VIP会员还可在全国主要商旅城市的近3000家特惠商户享受低至六折的消费优惠。

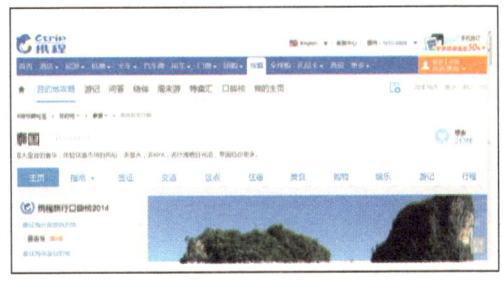

泰国国家旅游局

游客可通过泰国国家旅游局，找到旅游所需的各种资讯。到了泰国，在各大车站和景点附近也都有泰国国家旅游局（TAT）所设的旅游资讯处，可免费索取地图。

DATA
泰国国家旅游局北京办事处
地 北京东方广场E1办公楼9层902室
电 010-8518-3526/3529
AX 010-8518-3530

规划行程
拥有独一无二的旅行 styel

1 依天数规划

泰国土地面积广大，不仅各区自然景观与人文风情大异其趣，玩法也包罗万象。若从泰国中部曼谷搭车到北部清迈，至少需要 11 个小时，还有离岛的度假岛屿，各区之间的距离相当远。因此，若想深入体验泰国，建议要有足够的停留天数。如果没有足够的时间，可选择定点旅游，再搭配一个周边的短线行程；若旅游时间够长，建议安排定点深度旅游，或是横跨地区，感受不同的泰国风貌。

◯ 4 天 3 夜

曼谷地铁逍遥游

以曼谷地铁MRT和BTS捷运网为中心，规划地铁周边热门景点。如，暹罗·帕杜南区的BTS暹罗站、奇隆站，苏坤蔚区的阿索站、东罗站，以及MRT大皇宫·中国城的华蓝蓬站。

碧海蓝天浪漫游

至普吉岛或苏梅岛做定点旅游，选择理想的度假中心和SPA饭店，专注享受南洋岛屿的悠闲情调。

◯ 6 天 5 夜

泰北风情乐活游

一次游览清迈、清莱及素可泰，赏尽泰北世界遗产，感受泰北淳朴风情，也可安排报名泰式厨艺课，学习地道的泰式料理，或是体验冒险刺激的丛林滑翔，感受泰国的原始风貌。

泰南绿色生态游

喀比攀岩、拜访卡侬粉红色海豚，加上海上桃花源苏梅岛或海上珍珠普吉岛，走访泰南引以为傲的绿色观光路线，深入感受自然生态的旅游新体验。

◯ 5 天 4 夜

民情文化采风游

沿曼谷地铁MRT和BTS捷运线，逛购物中心、创意设计商家；至昭披耶河搭乘游船，夜游大皇宫、郑王庙等河岸景观；再前往札都甲周末市集与丹能莎朵水上市场，体验泰式传统市场采买乐趣。

泰国双城轻松游

从曼谷出发，搭配中程距离城市旅游。如，前往芭堤雅，感受东方夏威夷的魅力；大城玛哈泰寺遗迹巡礼；再到泰国皇室的度假胜地华欣，享受雍容与宁静之美。

Chapter 2 彻底准备篇

泰国旅游淡旺季及季节一览表

11月	12月	1月	2月	3月	4月	5月	6月	7月	8月	9月	10月
凉爽季节 平均气温 17℃				夏季 平均气温 38℃			雨季 平均气温 25℃~28℃				
衣着：薄长袖				衣着：短袖 注意防晒 及补充水分			衣着：短袖 准备雨伞或雨衣				
泰国旅游旺季				泰国旅游淡季			惊喜大拍卖、暑假旅游旺季、泰国旅游淡季				

2 依预算规划

除地点的选择，预算是影响旅游品质的要点，甚至会因预算多寡而选择不同的目的地、旅游行程内容。预算规划可以简单分为交通、住宿、饮食、娱乐、购物等，包括来回机票、饭店住宿、美食餐厅、景点门票、当地交通费、购物及娱乐预算，把基本花费和节省的项目估算出来，就可以规划出适合自己的完美行程了。

经济型预算，你可以……

旅费控制在 1400~2200 泰铢/天左右

· 选择青年旅馆，每晚房价约300~500泰铢，不含早餐，每人每床计费。
· 以平价餐厅或特色路边摊为主，一天一两餐平均300泰铢。
· 以定点旅行为主，避免因为交通而提高金钱及时间花费。
· 善用套装行程、饭店提供的免费接驳车，或搭乘捷运和公共巴士。
· 挑选平价式按摩或是SPA，既便宜又享受。
· 事先整理血拼购买清单，只买真正需要和具有纪念性的物品，避免预算失控。
· 参观景点的门票。

豪华型预算，你可以……

旅费控制在 9600~10 000 泰铢/天左右

· 住宿以三、四星级饭店为主，或公寓式酒店、精品设计旅店，每晚每房平均约4000泰铢，双人房可平均分摊房费，含早餐。
· 每餐可挑选餐馆或人气餐厅，一天平均1600泰铢。
· 挑选一家五星级饭店吃下午茶，约800泰铢就可以享受一下午顶级饭店的服务与美食。
· 市区出入可选择搭捷运或计程车，中长程距离搭乘火车或飞机。
· 挑选中价位的泰式按摩或连锁SPA，依疗程不同约500~2400泰铢。
· 参观景点的门票。

贵族型预算，你可以……

旅费控制在 34 200~45 000 泰铢/天左右

· 选择五星级饭店，每晚房价约20 000泰铢，含早餐，两人同住可以各负担一半。
· 午餐选择一家米其林餐厅的午间套餐，如，东方文华酒店，每人约1500泰铢。
· 晚上到高级的泰式餐厅或饭店餐厅用餐，每人约1300~2000泰铢。
· 出入交通以最快、最方便为考量，以金钱换取时间及减少舟车劳顿。
· 尝试特殊体验活动，如，五星饭店的厨艺课程、打高尔夫球等。
· 体验饭店顶级SPA，疗程费用不一，每人约7000~10 000泰铢不等。

3 | 依地区规划

泰国依照地理位置共分为五区,南北地形、气候各具特色。中部的曼谷以交通发达及时尚美食著名;北方清迈、清莱则因长年气候凉爽,成为避暑山城;南方的苏梅岛、普吉岛是充满热带岛屿风情的度假胜地。行程规划可以大致按区域的可调性来决定,再依照自己的喜好来安排。

泰国区域特色评分表

地区	历史人文建筑	自然景观	餐厅选择	休闲娱乐	流行时尚	海上活动
北部	★★★★★	★★★★★	★★★	★★★★	★	
东北部	★★★	★★★★★	★★	★★		
东部	★★	★★★★	★★★	★★★★	★	★★★★★
中部	★★★★	★★	★★★★★	★★★★★	★★★★★	
南部	★★	★★★★★	★★★★	★★★★★	★	★★★★★

4 | 依主题规划

将此趟旅行想去的地方或想做的事写下来,归纳出自己的兴趣重点,无论上天下海、丛林冒险、时尚美食还是美容SPA,再依计划的旅行时间与预算,选择最适合的旅行主题。

◯ 品味奢华

清晨在顶级酒店套房中醒来,中午品味米其林新食尚美食,下午沉浸在SPA的呵护中,晚上在高空Loung Bar品酒谈心。

◯ 美食飨宴

从泰式炒面到泰式咖喱、青木瓜沙拉,北部的清迈香肠到南部的海鲜料理,道道经典。或报名参加厨艺烹饪班,上一堂泰国饮食文化课程,成为旅行中难忘的味蕾记忆。

◯ 时尚购物

从以航厦为设计主轴的Terminal 21百货公司与东南亚最大的Central World购物广场,到什么都能卖的恰图恰假日市集及热闹有趣的水上市场,一次网罗。曼谷包、薰香精油、泰丝、手工艺品、设计杂货等,一次购足。

◯ 文化古迹

乘船游昭披耶河,一睹大皇宫玉佛寺的宏伟壮丽;在素可泰公园遗迹美丽的浮雕下,一窥前朝风华,让时光倒流,倾听说不完的故事,见证撼动人心的历史。

◯ 海上乐园

挑个梦想中的度假天堂,有沙滩、有椰子树,还有一望无际的湛蓝海水,从泰国东部的暹罗湾到西边的安达曼海,在攀牙湾和喀比潜水,在普吉和苏美大晒日光浴,在海景及夕照中,找到旅行意义的原点。

准备护照
行前第一步

● 如何办理护照

到泰国旅游要事先办理好护照，一般建议至少在出国前1个半月办理护照申请手续。

中国公民赴泰国旅游或探亲访友、自费留学等，需办理因私普通护照。原则上中国护照发给16周岁以上中国公民。不满16周岁者，则随其父母或监护人公用一本护照，在必要时，也可为16周岁以下的儿童单独发相应的护照。

中国公民因私出国申领普通护照，须向本人户籍所在地县级以上公安机关出入境管理机构提出申请，递交申请材料，回答有关的询问并履行相关手续。

● 申办护照时间

办理护照所需的工作天数为：收到申请材料之日起15日内签发，偏远地区交通不便或特殊情况的，签发时间可延长至30日。

首次申请、换发、补发（不含丢失补发）护照，收费200元人民币，丢失补发护照再加收20元。

● 申办护照所需证件

一般人民（年满16岁）申办普通护照所需证件		
首次申办护照 （必须亲自办理）	申换护照	遗失补发
1. 近期免冠照片（白底彩色）一张。 2. 填写完整的《中国公民因私出国（境）申请表》。 3. 居民身份证和户口簿及复印件，在居民身份证领取、换领、补领期间，可以提交临时身份证和户口簿及复印件。 4. 未满16周岁的公民，应当由监护人陪同，并提交监护人出具的同意出境的意见，监护人的居民身份证或者户口簿、护照及复印件。 5. 国家工作人员提交本人所属工作单位或上级主管单位出具的同意出境的证明。	除提交首次申办护照规定的材料外，还应该提交原普通护照及复印件。	普通护照遗失或被盗的，可申请补发。申请时，除提交首次申办护照规定的材料外，应当提交报失证明和遗失或者被盗情况说明。

（白底彩色照片规格：不含边框，直48mm×横33mm，光面白色背景照片）

🔸 北京市何处申办护照

申办地点	地址	交通	办公时间
出入境管理接待大厅	东城区安定门东大街2号	乘坐44、13、116、807、117、特2路公交车	星期一至星期六：8:30~16:30
东城分局	东城区金宝街52号	乘坐108、106、111、24路公交车	星期一至星期六：9:00~11:30；13:30~16:30
西城分局	西城区二龙路39号	乘坐7、10、477路、46、626路公交车	星期一至星期六：8:30~11:30；13:30~17:00
朝阳分局	朝阳区京广大商务楼二层	乘坐402、420、507、801、858、特8、运通107路公交车	星期一到星期五：8:30~11:30；13:00~17:00
海淀分局	海淀区阜成路67号	乘坐505、733、746、748、846、849、850、967、977、运通106、102路公交车	星期一至星期六：8:30~11:30；13:00~17:00
丰台分局	丰台区科技园区外环西路16号	乘坐353、354、451、477、811、480、744、937支、944支、967、特7路公交车	星期一至星期六：8:30~11:30；13:30~17:00
通州分局	通州区新华北街35号	乘坐342、372、435、728支、938、938支2、938支4、938支6、938支9、322、647、667、649、924、991、648、675、615、930路公交车	星期一至星期六：8:30~11:30；13:30~17:30
顺义分局	顺义区顺平西路8号	乘坐955、顺义环1、915路公交车	星期一至星期六：8:30~11:30；13:30~17:30
昌平分局	昌平区南环东路与亢山路十字路口东南角	乘坐345快、357、919、947、376、493、小5路公交车	星期一至星期六：8:30~11:30；13:30~17:30

🔸 如何看懂电子机票

旅客前往机场办理的航空公司柜台登机手续时，首先必须出示护照与机票。机票又分为实体机票与电子机票两种。

实体机票为传统的有形票券，电子机票则将旅客资讯与各项资料储存在电脑资料库中，省去开立纸本机票的步骤，旅行社或购票网会将机票收据列印、寄送或传真给旅客。目前使用实体机票的航空公司越来越少，因为电子机票比较方便和环保，旅客只要在出国当天，带着电子机票订票资料列印、护照，即可至机场柜台办理划位和搭机手续。

万事达卡白金秘书

万事达卡和中国银行、招商银行、交通银行等推出的白金秘书，是为中高端客户精心设计的私人贴身管家服务，提供全球商务旅行助理、高品位餐饮助理、高雅文化艺术和体育活动助理服务等，包括机票、酒店、租车查询和预定，全球奢侈品采购服务，全球餐饮预订服务。

白金秘书专线

中国银行白金客服专线：40066-95569

交通银行白金客服专线：4008-666-888

中国农业银行白金客服专线：400-619-5599

中国建设银行白金客服专线：400-62-95516

购买机票

确定机位旅程起飞

前往目的地是旅行的第一步，从确定旅行计划开始到选择航空公司、预订机位，只要掌握住诀窍和时机，你也可以是个 Smart Traveler！

何时买机票？

购买机票的时机要考虑价格和机位，而机票种类、使用限制，也都是影响价格的因素。泰国的旅游旺季约在每年12~4月，寒暑假及农历春节期间，也是中国旅客赴泰国的高峰期，不仅机票一位难求，票价也贵。若选淡季前往，除票价较低外，航空公司和旅行社也会推出优惠方案。

飞往泰国的航空公司选择？

广州：多用南方航空（CZ）和泰国航空（TG），每天都有来往曼谷2~3个航班，去程多在中午以后。飞行时间约2.5小时。

深圳：有泰国亚洲航空（FD）和曼谷航空（PG）等，每天都有航班，但多在夜间起飞。飞行时间约2.2小时。

北京：多用中国国际航空（CA）和泰国航空（TG），每天都有5~6个来往航班。曼谷去程多9:00~17:00。飞行时间约3.5小时。

上海：多用东方航空（MU）和泰国航空（TG），每天都有来往7~8个航班，去程多14:00或17:00，飞行时间约3.2小时。

昆明：以东方航空（MU）为主，每天都有来往航班，去程多8:00或15:00，飞行时间约1.5小时。

成都：中国航空（CA）和泰国航空（TG）均在飞，合起来基本每天一个航班，飞行时间和价格可参考昆明。

厦门：只有泰国亚洲航空公司（FD）每逢星期二、四、六往返1个航班。飞行时间约3小时。

便宜机票哪里找？

航空公司针对淡季或特殊时节不定期推出促销机票，有时特价的机票价格虽然比旅行社特价的价格还低，但通常都会有限搭航班或是需于指定日期区间内搭乘完毕的使用规定，购票前需仔细确认。

・廉价航空
亚洲航空 AIR ASIA 官网：http://www.airasia.com/tw/zh/home.page
・泰国飞鸟航空
机票比价：http://www.nokair.com

预订住宿

美好的旅行，从舒适的住房开始

泰国是全球著名的度假天堂，主要的旅游景点不乏高水准的饭店，即使是平价旅馆，也具有一定的水准。准备出游前，不妨根据自己的喜好和预算，挑选心目中的理想旅店。

🔸 何时预订旅馆？

通常于出发日至少前一个月以上预订，有些饭店会推出限时优惠的早鸟方案，若预算有限，更是越早预订越好。

🔸 如何订房？

可直接以电话或E-mail向选好的旅馆订房，或通过国内旅行社代为预订；全球的线上订房网站也非常方便，如AGODA、Hotel Club、EZ Travel、PYO Travel、Asia Room、Asia Travel、Booking.com、Hotels.com等，订房流程操作简易，并提供明确的饭店资讯。其中多家网站均有中文网页，非常方便。

网上订房注意事项

1. 即使同一家饭店，在不同网站所提供的房价及优惠也会不同，建议可以多比较几家网站，找出最优惠的价格。建议加入会员会享有较多优惠。

2. 比较房价时，要注意是以"房间"还是以"人"为计价单位。有些网站只显示未加上服务费和税金的金额，订房前务必确认。

3. 决定订房时要仔细阅读条款，尤其要注意如何付费及取消预订。每家网站取消预订的期限不尽相同，有些只要7天前通知取消，就不会收任何手续费，**有些特殊优惠的房型规定更为严格，即便立刻取消预订，还是会收取全额的房价费用，千万要特别留意。**

4. 完成订房手续后，记得将订房明细打印出来，至饭店chick in使用。

5. 大部分全球性订房网站若要求事先刷卡付款，每笔订房刷卡都视同国外刷卡，因此会有额外的国外刷卡手续费，请注意！

站名	属性特色	网址
缤客网	全球领先酒店预订网站：200多个国家，54万家酒店，公寓、别墅等住宿在预订，海量房源，客观评论	http://www.booking.com
PYO Travel	提供亚太地区日本、新加坡、中国香港、曼谷、芭堤雅及马来西亚等旅店资讯、饭店接送及观光行程	http://www.tw.pyotravel.com
Asia Room	提供苏美岛海滩小屋、曼谷五星级酒店等多种选择及优惠方案	http://www.asiarooms.com
Asia Travel	提供亚洲地区饭店预订及有购买机票、旅游套装行程、主题公园门票等服务	http://www.asiatravel.com
HRS 全球订房网	一家有40多年历史的全球领先的专业酒店预订网站，签约代理25万余家不同类型的酒店，覆盖了全球180多个国家，供商务和私人旅行者自由选择	http://www.hrs.cn
Hotels.com	提供60多国，157 000余家饭店订房服务，订房后若找到同级更优惠的价格，可退差额	http://zh.hotels.com

Chapter 2 彻底准备篇

网络聪明订房 Step by Step （范例说明 Hotel Club 订房网 http://www.hotelclub.com）

● Step1 登录订房网站

进入订房网站首页后,以个人电子邮件信箱及密码登入,非会员先依照步骤加入会员,再点选**注册**,完成注册手续后返回订房主页面。

● Step2 搜寻饭店

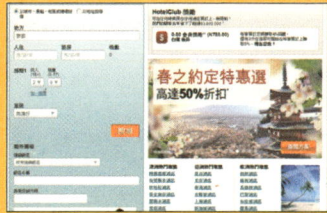  

1. 决定饭店搜寻方式：点选◎以城市、景点、地区或机场搜寻。
2. 输入泰国两字,会显示分区选项,接着决定欲住宿的城市或地点。
3. 点选入住和退房,会显示日历,直接点选入住和退房日期,再点选入住几晚。

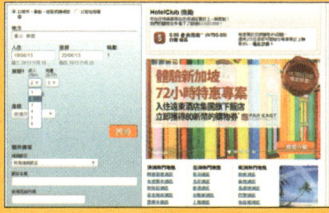  

4. 房间：点选◎成人几位◎儿童
5. 点选空格,选择希望入住的饭店星级。
6. 完成上述步骤,即可点选**搜寻**,展开饭店搜寻。

● Step3 选择饭店

1. 完成搜寻,页面会显示所选地区、星级饭店介绍,包括位置及房价。
2. 点选符合需求的饭店,页面下方会显示已选房型的每晚价格及其他房型优惠。
3. 看完饭店介绍,回上一层饭店选项决定饭店。点选右侧**预订**,进入订房程序。
4. 最后确认入住、退房日期,点选右上角**继续预订**,进入结账程序。

● Step4 结账（旅客资讯）   ● Step5 填写账单资料

1. 登录：输入会员电子邮件信箱和密码,完成登录。
2. 旅客名单：输入资料,确认预订资料无误,点选最下方**继续预订**。
1. 依步骤指示输入信用卡种类、卡号、到期日、姓名、账单地址及电话号码等。
2. 进入下一页面饭店条款,阅读后点选**同意并订购**,即完成订购。

推荐的订房网

- 缤客网 http://www.booking.com
- HRS 全球订房网 http://www.hrs.cn
- 好巧网 http://www.haoqiao.cn
- 艺龙网 http://www.elong.com
- 去哪儿网 http://www.qunar.com
- 携程旅行网 http://www.ctrip.com
- 蚂蜂窝 http://www.mafengwo.cn

🟠 泰国的住宿选择

拥有全球最佳旅游城市美誉的泰国，吸引了许多顶级饭店与各类旅店进驻，从极致奢华到经济平价的各式住宿选择众多，加上泰国物价便宜，饭店价格也比其他国家低，淡季时更可以挑选到物超所值的饭店。到泰国旅行，挑选住宿饭店已成为旅客行前最大的乐趣之一。基本上，泰国住宿大致可分为以下几大类型：

1. 青年旅馆

有些青年旅馆住宿品质相当不错。以曼谷来说，每人每晚房价约320泰铢起，分2人房、4人房，若想与来自各国的旅客交流，也可选择4人以上的房间，卫浴多为公用，但也有含卫浴的套房可选择。一般青年旅馆不供应早餐，但可使用厨房自行料理，有些青年旅馆则会提供简单的早餐，对于想省钱的背包客来说是非常棒的住宿服务。挑选青年旅馆时，只要选择有国际青年旅舍联盟把关的"HOSTELLING INTERNATIONAL"标志，都可以信赖；最好要准备YH国际青年旅馆卡（Hostelling International Card），才能以最优惠的价钱入住。

2. 商务型饭店

商务型饭店也有非常多的选择，光是在曼谷，就至少有30多家三、四星级的饭店。这类饭店除提供舒适干净的住宿环境外，有些则设有商务中心、餐厅或健身房，依照等级不同，每晚一房约1500泰铢起，若想省钱但又想住得比青年旅馆更好，商务型饭店是相当经济的选择。

3. 公寓式旅馆

为了让长期滞留于异地的旅客有家一般的感受，各大饭店集团纷纷盖起厨房、客厅、卧室、浴室一应俱全，适合长期住宿的公寓式旅馆。无论商务饭店或公寓式旅馆，都有交通位置便利的特点。与前者最大的不同是，公寓式旅馆的空间更为宽敞舒适，所提供的厨房配备都相当齐全，甚至比照饭店提供住房和游泳池等服务。每人每晚房价约3500泰铢起，适合家庭和2~4人以上的旅客入住。

4. 精品旅馆

随着泰国设计产业的发展，一家家风格鲜明、独具特色的精品旅馆，如雨后春笋般地冒出。从大厅到房内，所有设计摆饰充分展现创意与巧思，让住宿的每一细节都令人惊艳。精品旅馆的价钱比商务饭店和公寓式旅馆稍高，甚至直逼五星级饭店，每晚约4000泰铢起跳。想要有别于一般饭店住宿体验的旅客，这类旅馆绝不会令人失望。

5. 五星级饭店

相较于其他国家五星级饭店的房价，泰国的价格相当具有吸引力，尤其不乏年年入选全球最佳饭店的顶级饭店集团。曼谷的五星级饭店不仅有高水准的住宿品质和设施，包含级SPA、烹饪课程、米其林餐厅等，样样兼备。基本房型每晚约8000泰铢起，淡季时来访，还会有特别优惠的价格，相当值得一试。

准备旅费

精打细算花钱不吃亏

如何换汇比较划算？旅费该怎么分配？旅行中钱不够用怎么办？出国换钱、用钱虽然都是基本问题，但却都有着大大的学问。

泰国的消费水平

泰国与中国的汇率将近5:1。在泰国旅游可以玩得很节省，也可以玩得奢华，只要将预算调配得当，就不难达到花小钱大享受的目标。以曼谷旅游一日的一般消费为例，了解泰国消费水平：

经济型旅客一天的费用估算

消费项目	金额（泰铢B）
早餐（泰式烤土司＋罐装咖啡）	40
矿泉水（饭店可自行取用）	6
捷运车资（购买一日）	130
计程车（必要时可考虑每天搭乘一次，起价为35泰铢，每500米跳2泰铢）	200
参观景点或参观市集（精选免费景点）	0
泰式平价SPA或按摩	400
午餐（泰式路边小吃店＋泰式奶茶）	60
晚餐（泰式料理餐厅）	500
夜宵（路边摊粿条汤面）	30
青年旅馆或二星级旅馆	双人房500
累计一天费用	B1866

游泰国这样省旅费

美食

·住宿青年旅馆可自己料理简单的早餐，或享用旅馆所附的早餐。泰国早上有很多路边摊或小吃店卖当地人习惯吃的早餐，如打抛便当、米粉汤、烤猪肉串等，价钱约10 - 30泰铢。

·午、晚餐可以到大型购物商场的美食街用餐。如Terminal 21的美食街，用餐环境干净，餐点选择多元。

·前往夜市观光，沿路品尝夜市小吃，晚餐和消夜可以一次解决。

·选择连锁的泰式餐厅，品尝地道泰式料理，并享受餐厅提供的服务，多人一起用餐平均下来，一人约500泰铢左右，虽然花费较高，但可以慰藉一下旅途奔波疲劳的身心。

住宿

·选择青年旅馆或干净、舒适的平价的旅馆。

·选择交通便利的住宿地点，如可步行至捷运站的饭店。

·跨地区旅游时，可搭乘夜间长途巴士或火车，可省去白天移动的时间，也能省下一晚的住宿费。

交通

·善用购买的机票加酒店自由行提供的机场接送服务，或饭店所提供的免费接驳巴士。

·在曼谷以捷运为主要交通工具，善用一日券或其他优惠套票。

·人数较多可考虑搭计程车或包车，平均分摊车资。

·跨区城市若有飞机对飞，搭飞机前往未必昂贵，若是淡季购买飞机票，泰国国内航空的票价更是优惠。

051

旅费如何计算

以一天为单位，住宿以2人（或以上）一间计，以下略举3种消费形态估计所需花费：

消费项目	经济型	豪华型	贵族型
交通	以定点旅行为主，短程搭地铁与捷运，稍远则搭巴士或火车。一天平均150泰铢。	短程搭地铁与捷运，中长程搭火车或计程车、渡轮。一天平均约1000泰铢。	搭乘速度较快但费用较高的交通工具，约4000泰铢。
住宿	以 Hostel 为主，青年旅馆、民宿为辅，每人每晚平均 400 泰铢。	住三、四星饭店或设计旅店，每人每晚平均4000泰铢。	选择五星级或超五星级饭店，每晚约 15 000 泰铢。
餐饮	以平价餐厅或特色小吃为主，一天平均500泰铢。	每餐中上、平价餐馆，一天平均1500泰铢。	品尝米其林餐厅名厨料理，一餐约1200泰铢。
其他	挑选平价按摩及杂费，一天平均约 600 泰铢。	体验中价位 SPA 及杂费，一天平均约2000泰铢。	体验饭店顶级 SPA 及杂费，平均约7000泰铢。
总计	1650 泰铢	8500 泰铢	27 200 泰铢

泰铢的种类

泰国货币叫泰铢（Baht），货币符号为฿。泰国货币纸钞的面额为10฿、20฿、50฿、100฿、500฿、1000฿6种，辅币有沙丹（Satang）和沙郎（Salueng）郎（Salueng）两种，类似于1分币和25美分之间的区别。通常沙郎很少见，大多以1泰铢为最小的货币单位。

要准备多少泰铢？

携带泰铢入境泰国没有金额限制，出境则不得超过50 000泰铢，但携带任何外币入出境泰国，总数超过2万美元则必须申报。一般来说，1000泰铢面额的纸钞，小店或摊贩使用较不方便；10泰铢以下的硬币目前已较少使用，仅在大卖场或便利商店可以流通。

↓ 如何换汇

· 国内银行

中国大陆很多银行都提供人民币换泰铢的服务。联系离你最近的中国银行，预约后可以用人民币换泰铢，建议可以先兑换1000~3000人民币，这样做的好处是，在你接下来初到泰国的前几天里就可以随心所欲地去玩了，不必东借西找。至于最新汇率可以在银行那里直接咨询。不过现在有些大城市（如北京、上海、广州等）你也可以联系一下工商银行或建设银行，某些分行也提供换汇的服务，因不同银行的汇率是可以自己定的，所以有时比中行的汇率还要好，看看哪家可以换又汇率好的，就选哪一家。

DATA
中国银行：http://www.boc.cn
工商银行：http://www.icbc.com.cn/icbc
建设银行：http://www.ccb.com/cn/home/index.html

· 泰国当地

不论是当地银行或外汇公司，只要持护照就可以直接以人民币兑换泰铢。外汇公司的汇率有时比中国的银行更好，如Big C超市1楼的Superrich或中国城的林真香，其中以Superrich最受旅客信赖。

DATA
Superrich
🕙 10:00~20:00 🌐 http://www.superrich1965.com/

打包行李

聪明打包轻松 GO！

泰国地处热带，气候炎热，虽大致皆穿着短袖夏装，但北部地区仍须添加薄外套，且泰国寺庙严禁穿短裤、短裙及无袖的上衣，需要特别注意。其他打包行李的原则，大致可分为盥洗用品、衣物杂货、参考书籍、电器用品等。建议除携带中大型行李箱，以便回程时装载采购物品外，可多准备较为轻便的背包或小型手提箱。

◐ 个人免费托运行李打包诀窍

1 防水收纳袋：将电器用品、充电设备等较重物品，集中收纳于具有防水及防震功能的分隔袋内，并放置于行李箱最底层。

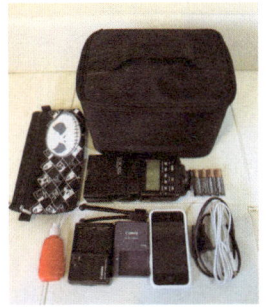

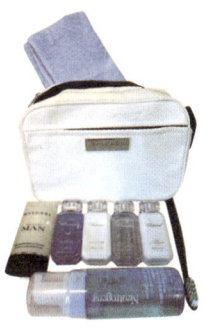

2 盥洗用品、保养品、防晒乳液、隐形眼镜药水等瓶瓶罐罐用品，单独收纳于有防水功能的分隔收纳袋内，并放置在行李箱的上方位置，以免流质物品流出。

3 将衣物折叠平整或卷起，放入透气的收纳袋中，避免与其他物品混合交叠，并将贴身内衣、泳衣、袜子与其他外衣分别放在不同的袋子里，以便拿取。

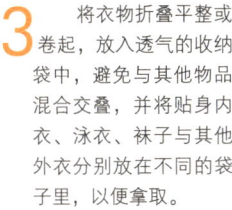

4 个人习惯药品、小型理容刀剪组、针线盒等，可单独收纳于一个小袋子内。

5 将其余各式杂物收放于小型杂物袋中，如，备用的湿纸巾、面纸和女性卫生用品等。

6 将凉鞋收纳于鞋袋中束紧，避免脏污及异味飘出。

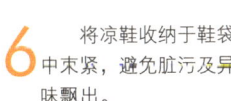

7 将折叠伞收纳于各收纳袋或行李箱的缝隙间即可。

8 零食饼干或个人习惯的茶包、咖啡等食品,收纳于独立的袋子里,避免与衣物混合。

9 准备一个折叠式的备用购物袋及几个备用的塑料袋,可收纳脏衣服或其他杂物。

10 硬壳行李箱内中间的网状隔板,可放置行程表、地图、旅游参考书籍等。

11 若要托运酒类等液体物品,需单独将瓶身以毛巾或塑料发泡棉包裹,再放置于防水的塑料袋内,以免碰撞破裂。托运行李时,记得提醒机场报到柜台承办员,贴上易碎物品标签。

12 全家同游者,可准备两个行李箱,打包方式如上所述,如果为了携带方便而只带一箱,仍然可以将父母、小朋友的衣物,分别放置在不同的收纳袋内装好。

↓ 随身携带包

1. 准备一个可以完全密封的证件袋,一旦完成通关、验照、登机程序,立刻将护照、钱包、信用卡、机票等重要证件,全部收纳起来,避免有所遗漏。

2. 液体胶状药品、保养品每瓶不超过100ml,总数不超过10瓶,剪刀型的指甲刀等刀剪类不可随身携带。

3. 为了避免相机、笔记本电脑、手机等在托运时碰撞,建议随身携带。

4. 为避免相机、笔记本电脑、手机等的专用锂电池短路起火而引发飞行安全意外,现在就连备用的电池也规定必须随身携带,禁止托运,违规者最多可依《民航法》处以20 000~100 000元的罚款。

🟠 行李重量限制及规定

● 托运行李重量限制

目前飞往泰国的航空公司行李的重量限制,各航空公司大致雷同,主要依舱等不同而有所区分:

中国国际航空公司(CA)
除美加航外托运20公斤(学生30公斤),手提10公斤;美加航托运2件,32公斤/件,手提5公斤免托。

中国东方航空公司(Mu)
美加航托运2件,32公斤/件,手提5公斤免托;除美加航外托运20公斤,手提5公斤。

中国南方航空公司(CZ)
美加航托运2件,32公斤/件,手提5公斤免托;除美加航外托运20公斤,手提5公斤。

● 不得作为行李运输的物品

下列物品不得作为行李或夹入行李内托运,也不得作为免费随身携带物品带入客舱运输。

危险品、枪支(猎枪和体育运动用枪支除外)、军用或警用械具类(含主要零部件)、管制刀具。活体动物、带有明显异味的鲜活易腐物品(如,海鲜、榴莲等)。

行李检查清单（非常重要◎，建议要○，视个人需要△）

分类	项目	必要度	备注
贵重物品和证件资料	护照正本和复印件	◎	再次确认有效期限是否超过6个月。
	泰国签证	◎	若来不及事先办理，到泰国机场办落地签证。
	现金（泰铢）	◎	先在中国大陆兑换完成。
	现金（人民币）	◎	预备在泰国兑换泰铢，并保留回家时从机场到家里的费用。
	信用卡、国际金融卡	◎	备用。
	机票或电子机票	○	电子机票不一定需要复印。
	网络预约记录	○	包括饭店预订资料、门票等。
	二寸照片四张	○	若证件遗失时需使用。
	国际驾照	△	需要在泰国驾车时使用。
	国际学生证	△	提供学生优惠时需出示证件。
	YH青年旅馆卡	△	住宿时须出示证件。
盥洗用具	牙刷、牙膏、毛巾	○	部分住宿地点可能未提供。
	洗发精、沐浴乳	△	部分住宿地点可能未提供。
	刮胡刀	△	部分住宿地点可能未提供。
	吹风机	△	部分住宿地点可能未提供。
	洗衣粉	△	旅程中习惯每天清洗内衣裤者。
	隐形眼镜及眼药水	○	近视者务必记得携带。
	生理用品	○	若无习惯使用的品牌，可在泰国当地购买。
个人物品	外出衣物	◎	视当地气候，准备易搭配、穿着舒适的衣物，不必带太多套，如有不足可以直接在当地购买。
	贴身衣物	◎	包括内衣裤、袜子。
	拖鞋或凉鞋	○	需要游泳、海滩戏水者，也可在当地购买。
	保养品	◎	泰国夏季天气热，脸部清洁相当重要；防晒乳、乳液、化妆水、面膜、护唇膏不可少。
	常用药品	◎	如胃药、晕车药或个人用药等。
	雨阳伞或轻便雨衣	◎	雨季至泰国时务必携带。
	太阳眼镜	○	泰国阳光猛烈，不可忽视。
	笔记本和笔	◎	方便记下重要资讯、旅游札记。
	万用刀瑞士刀	○	可当开瓶器、切水果，非常好用，建议收纳于托运行李箱内。
	夹链袋	◎	可分装物品时使用。
	手表	◎	方便确认搭机、表演时间。
	相机和相关配备	◎	留下美好旅游回忆。
	手机及充电器	◎	智能型手机可随时上网、当计算机、当时钟闹钟，携带的电子产品保持每天充电。
	电池	○	多带绝对比少带好。
	计算机	○	购物时可计算花费或是议价时使用。
	电子字典	○	查询单字使用。
	旅游指南、地图	◎	事先做好重点笔记，以彩色便条纸做记号，方便寻找。
	泳装、运动衣等	△	视个人需求。
紧急资讯	航空公司、饭店当地联络电话	◎	可复印或储存在手机中，以备查询。
	信用卡24小时服务电话	◎	信用卡遗失，可立刻去电询问。
	海外旅游平安保险注意事项表与紧急联络电话	◎	可复印或储存在手机中，以备查询。

出入机场……………………… **058**
曼谷机场对外交通…………… **062**
当地交通工具………………… **072**

符号代表信息
交 交通方式　网 相关网址　时 营业时间　票 参观门票　费 费用
地 地点位置　址 详细地址　电 相关电话　注 备注事项

Chapter 3
快乐出发篇

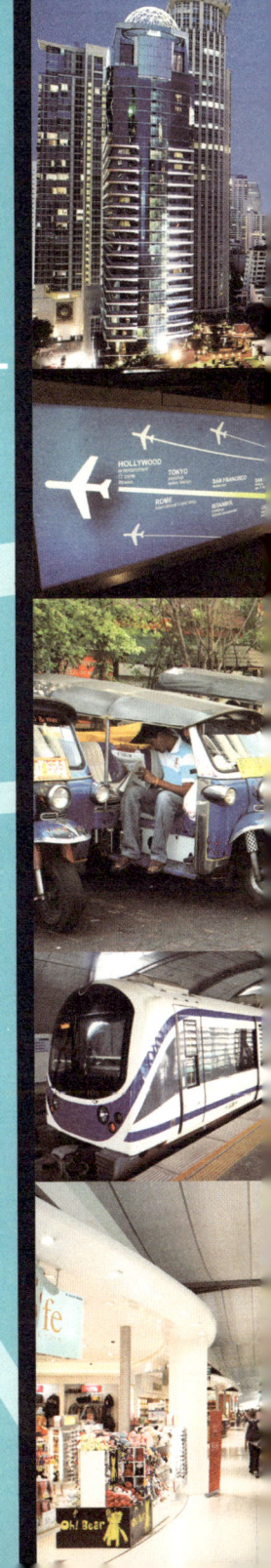

出入机场

快速通关 Step by step

从北京首都国际机场出发

Step 1 机场 Check in
从航班起飞前至少 2 小时到达机场，先在指示屏前确认自己所乘的航空公司柜台位置，再持护照、机票或电子机票复印，前往报到柜台办理订位手续，完成换登机牌手续。

Step 2 托运行李
柜台报到，进行行李称重和托运。务必系上写有中英文姓名、联络电话、中英文地址的行李名牌，地勤人员将在查验完护照和登记证后，将行李送上输送带。务必确认行李已安全通过检验再离开柜台。

Step 3 安全检查
完成报到手续和托运行李后，前往出境登机口进行个人随身物品安检。检查前先把未喝完的饮料、水倒掉，出示护照、登机证，再将手机、笔记本电脑等电子产品，存放液体的塑料袋、外套等放入篮子检查，连同随身包包一起放上 X 光安全检验台。旅客另外走一旁金属侦测门进行安全检查。

Step 4 证照查验
持护照和登机牌前往指定柜台排队查验证照，将护照套子取下，通过查验即可前往登机口的候机室等待。

Step 5 登机
在登机证注明的登机时间（Boarding time）之前，先前往各登机闸口（Gate）候机，等待航空公司地勤人员的广播、指示登机。先由头等舱、商务舱旅客、幼童及同行长者旅客登机，后由经济舱旅客陆续登机。

抵达泰国的入境手续

Step 1 填写入境卡（ARRIVAL CARD）

出入境表格是入境泰国时需要填写的单子，于入境审查时交给海关审查员，可先在飞机上或入境审查柜台旁索取。请先准备好护照及在泰国住宿的地址，正确填写资料。

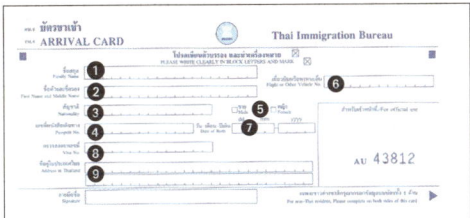

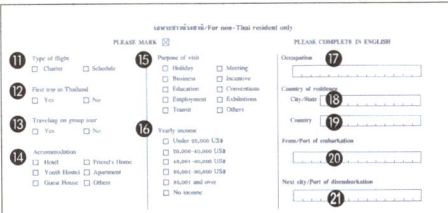

入境卡英文对照表

1. Family Name：姓氏英文（与护照同）
2. First Name and Middle Name：英文名（与护照同）
3. Flight or Other Vehicle No.：班机号码
4. Nationality：国籍
5. Male / Female：男 / 女
6. Passport No.：护照号码
7. Date of Birth：出生日期（日／月／年）
8. Visa No.：签证号码
9. Address in Thailand：泰国的住宿地址
10. Signature：签名，需与护照上相同
11. Type of Flight：班机类型 / 包机 / 固定航班
12. First trip to Thailand：初次到泰国（是 / 否）
13. Traveling on group tour：参加旅行团（是 / 否）
14. Accommodation：住宿
15. Purpose of vist：访泰目的
16. Yearly income：年收入
17. Occupation：职业
18. Country of residence：居住地（城市或州）
19. Country：居住国
20. From / Port of embarkation：启程地
21. Next city / Port of disembarkation：出境目的地

Step 2 入境审查（Immigration）

若要申请落地签证，沿着落地签证指示"visa on arrivl"走，若不需要申请落地签证，则沿"Immigration"指示前进，选择外国人护照"FORIEGNER PASSPORT"的海关柜台排队，并出示护照及填好的入境表格，海关审查员会替您拍照，留下记录及指纹，如此即可完成入境手续。

Step 3 领取行李（Baggage Reclaim）

通过入境审查后，往领取行李指示"Baggage Reclaim"的方向前进，按所搭乘的班机号码，找到行李区域后即可等待领取行李，领完行李准备通过海关。

Step 4 海关检查与入境泰国

除非有需要申报的物品，否则领取行李后即通过"免申报台"（绿线台）出关。所携行李若超过免税限额，且有管制、禁止、限制进口物品者，需由"应申报台"（红线台）通关。

曼谷苏汪纳蓬国际机场

曼谷的苏汪纳蓬国际机场（Suvarnabhumi Airport），是中国前往泰国的主要进出机场，也是通往亚洲、欧洲、澳大利亚及非洲的重要转机站。因为腹地广大，第一次到达苏汪纳蓬国际机场的旅客很容易走错，但只要事先了解机场方位，就不会茫然不知去向。机场的指示标志都非常明确，除泰文、英文外也有简体中文，只要沿着转机的指标前进，就可以顺利前往下一站。

泰国境内转机

泰国的热门景点如清迈、苏梅岛与普吉岛，除少数航空公司直飞或旅行社包机外，大部需在苏汪纳蓬国际机场转机，加上泰国的国内廉价航空票价相当便宜，只要掌握在国内机场转机的步骤，就能省钱省时，快速抵达。

Step1 抵达曼谷苏汪纳蓬国际机场。

Step2 沿转搭国内班机Transfer的指示方向，前往航空公司转机柜台。

Step3 于航空公司转机柜台出示护照及第二段航程登机证，办理登记手续。

Step4 至海关处办理入境泰国手续，确认是否已填写入出境表格，出示上一段飞机登机证及第二段内线的登机证与护照。

Step5 随身行李安全检查，检查过后即可通关。

Step6 于国内转机处，循指示标志至登机证上显示的登机闸口（Gate）候机室准备登机。

入境大厅平面图

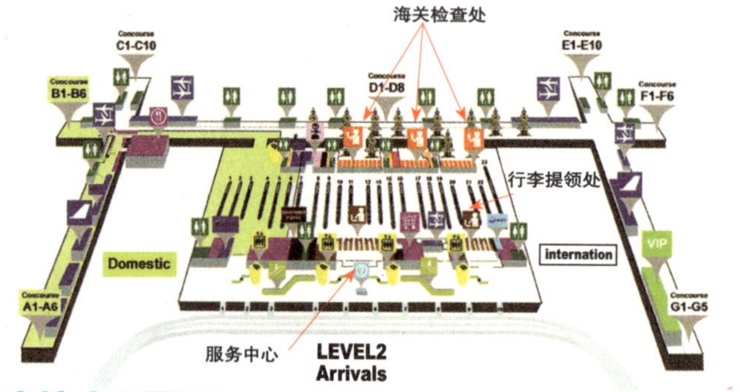

出境大厅平面图

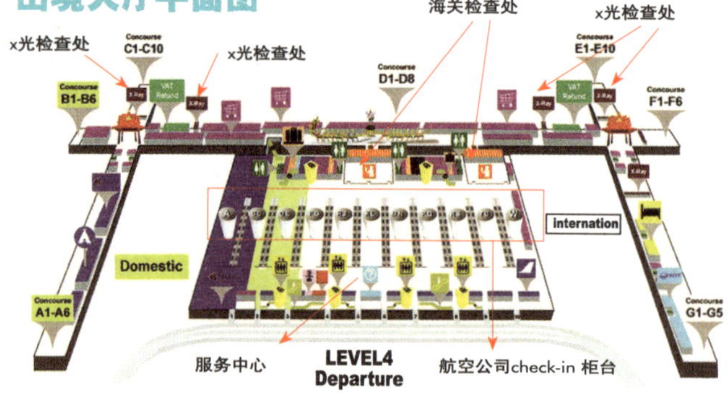

机场平面图图示

- AOT
- Information Counter 国际线柜台
- Airlines 航空公司服务处
- VIP 贵宾区
- Shops/Resturants 商店与餐厅
- Customs 海关
- Passport Control 护照检查站
- Transfer 转机
- Thai Airways 泰国航空
- Toilet 厕所
- Over size Boggage 超大行李
- Escalator 手扶梯
- VAT Retund 退税处
- Security Checkponit 安检站
- Medical Center/Cllnic 医疗站
- Car Park Building 停车场
- Meeting/Greeting Area 休息区
- Bus Gate 巴士站
- Baggage Service 巴士站
- Baggage Service 行李服务处
- Airline Lounges 航空公司

Chapter 3 快乐出发篇

由苏汪纳蓬国际机场→国内机场

多数旅客若要从泰国国内到清迈、苏梅岛与普吉岛，会选择直接在曼谷苏汪纳蓬国际机场搭飞机前往。

这几个地点都是泰国的旅游胜地，所以每天往返对飞的班次不少，可尽量选择利用。

飞往清迈/ 苏梅岛/ 普吉国际机场

从苏汪纳蓬国际机场飞往清迈、苏梅岛和普吉国际机场的主要航空公司如下：

航空公司	转机点/起飞点	网址
泰国航空 (TG)	曼谷	http://www.thaiairways.com.cn/
飞鸟航空 Nok Air (DD)	曼谷	http://www.nokair.com/nokconnext/aspx/index.aspx
曼谷航空 (PG)	曼谷	http://www.bangkokair.com/eng
泰国亚洲航空 Thai AirAsia (FD)	曼谷	http://www.airasia.com/cn/zh/home.page
泰国东方航空 Orient Thai Airlines (OX)	曼谷	http://flyorientthai.com/en/home/?Language=Eng

DATA

- 清迈国际机场 Chiang Mai Airport（CNX）
  网址：http://www.chiangmaiairportonline.com
- 苏梅国际机场 Samui International Airport（USM）
  网址：http://www.samuiairportonline.com
- 普吉国际机场 Phuket International Airport（HKT）
  网址：http://www.phuketairportonline.com

曼谷机场对外交通

快速前往市区与各大景点

苏汪纳蓬国际机场─曼谷市区

苏汪纳蓬国际机场位于首都曼谷,是一座航线非常繁忙的机场。抵达机场后,前往曼谷市区有多种交通方式。旅客最常利用的交通工具有机场快捷、巴士与计程车,至市区车程快则15分钟,多则1小时即可展开美好的假期。

图片提供/陈志豪

机场快捷 Airport Rail Link

机场快捷是苏汪纳蓬国际机场到曼谷市中心最快速、最便宜的交通工具,建议选择此方式直奔市区,又快又舒适。目前共有三条线路营运:红线 Makkasan Express Line 由机场至马卡森站;蓝线 City Line 由机场至帕亚泰站,沿途停靠多站;黄线 Phaya Thai Express Line 是新开通的一条路线,由机场直达帕亚泰站。机场快线与地铁 MRT 及捷运 BTS 接轨,到达市区后可转乘,十分便捷。

机场快线	停靠站	抵达市区时间	发车间隔	票价
红线直达列车 Makkasan Express Line	马卡森站 Makkasan	15分钟	40分钟一班	单程 90 泰铢 来回 150 泰铢
黄线直达列车 Phaya Thai Express Line	帕亚泰站 Phaya Thai	17分钟	30分钟一班	单程 90 泰铢 来回 150 泰铢
蓝线普通列车 City Line	帕亚泰站 Phaya Thai、拉差帕拉蕾站 Ratchaprarop、马卡森站 Makkasan、蓝坎汉站 Ramkhamhaeng、华湄站 Hua Mak、班沓昌站 Ban Thap Chang、雷卡拉班站 Lat Krabang、苏汪纳蓬国际机场站 Suvarnabhumi	30分钟	10~20分钟一班	单程 15~45 泰铢

DATA

乘车处:苏汪纳蓬国际机场地下一楼 B1　　营运时间:06:00~24:00
网址:http://airportraillink.railway.co.th/en/

Chapter 3 快乐出发篇

🚌 公交车 Bus

　　机场出境大厅外有免费的机场接驳车 Shuttle Bus，约 10 分钟车程即可到达转运站，转搭公交车到曼谷各区。24 小时营运的空调公交车，车资比机场快线便宜，只要 35 泰铢，如果不赶时间，要省钱又想尝试当地的公共交通，搭公交车不失为一个较好的选择。

公车号码	行车路线	营运时间	终点站
550	On Nuch Road — Praves District — On Nuch Intersection — Bangkapi Intersection — Happy Land	04:00~23:00	Happy Land
551	Public Works and Town & Country Planning — Rachanukul Hospital — Victory Monument — Siam Paragon	04:00~23:00	Siam Paragon
552	Chalarat Hospital 1 — Ramkamhaeng 2 Junction — Srinakarin Junction — Sukumvit 101 — BTS (On Nut Station) — Kluay Nam	04:00~23:00	Klong Toei
553	ingkaew Road — Wat Salud (Bangna -Trad) — Ramkhamhaeng 2 — Srinakarin Road — Theparak Intersection — Crocodile Farm — Samutprakarn (Pak nam)	04:00~23:00	Samuthprakarn
554	Ram Indra Road — Lak Si — Vibhavadi Rangsit Road — Don Muang	04:00~23:00	曼谷东门机场
555	Department of Employment — PTT Don — Muang — Vibhavadi Rangsit Junction — Rangsit	04:00~23:00	Rangsit
556	Yommarat — Democracy Monument — Thammasat University — Pata Department Store — Southern Bus Terminal	04:00~23:00	南部巴士站
558	Suvarnabhumi Airport — Central Rama 2 (Expressway) Bangna — Trad Road — Daokanong — Exit at Wat Son — Suksawas Road — Ram 2 Road — Central Rama 2 — Samae dam Garage	04:00~23:00	Samae Dam Garage

另有公车 389、9905 路线，服务时间 06:00~21:00，车资约 150~200 泰铢，往返于国际机场及芭堤雅之间。

DATA

● **机场免费接驳车 Shuttle Bus**
乘车处：苏汪纳蓬国际机场出境大厅外
营运时间：06:00~24:00

● **客运公车**
营运时间：24 小时
车资：35 泰铢
网址：http://www.bangkokairportonline.com/node/56

🔵 计程车 Taxi

泰国政府为避免旅客因不懂外文而被不好的计程车司机敲竹杠，特别在机场一楼设置计程车招呼站 Public Taxi。机场服务员帮旅客代为叫车的同时，也会给旅客一张填有车号的申诉单，以保障旅客搭车的安全及权益。多数司机略懂英语，但最好能事先把欲前往的地点写成英文交给司机，或是请饭店代为叫计程车，并以泰文再交代一遍地点，以防万一。

> **DATA**
> 乘车处：苏汪纳蓬国际机场一楼 7 号出口 Public Taxi 柜台
> 车资：计程车招呼站服务费 50 泰铢，至市区约 400~500 泰铢；快速道路需另付过路费，分别为 25 及 45 泰铢。

🔵 饭店机场接送服务

要从苏汪纳蓬国际机场前往饭店，最方便的方式就是使用饭店的机场接送服务。在出发向住宿的饭店预约机场接送服务后，饭店的接送人员通常会在机场大厅的 2 号及 4 号出口附近等待。由于有些饭店的专车不是固定时间发车，所以最好事先提供饭店正确的班机号码及接送人数，以免错过接送时间；另外，有些饭店提供机场至饭店的接送服务，可能会另外收费，订房时须事先与饭店确认，再决定是否使用此项服务。

图片提供／eGuide Travel

🔵 饭店机场接送服务

交通工具	所需时间	车资	优点	缺点	适合对象
机场快线：红线／黄线、直达列车、Express Line	15~17 分钟	单程 90 泰铢 来回 150 泰铢	·速度最快 ·不会塞车 ·搭乘空间较大	·车资较高 ·班次间隔较长 ·红线不与捷运及地铁站衔接	
机场快线：蓝线、普通列车、City Line	30 分钟	单程 15~45 泰铢	·价格便宜 ·班次频繁 ·终点站与 BTS Phaya Thai 站衔接 ·不会塞车	·每站都停 ·手扶梯只有单向，对于携带大型行李的旅客较为不便	一人或多人旅行，行李较为轻便的旅客
公交车	30 分钟~1.5 小时	35 泰铢	·可沿途浏览市区风景 ·可前往离市区较远的地点 ·远程来说车资最便宜	·需搭机场接驳车 Shuttle Bus 至转运站搭乘 ·置放行李空间小 ·英文标示不清楚 ·市区容易塞车，较难掌控时间	时间充裕且同行人数较少的旅客
计程车	30 分钟~1 小时	400~500 泰铢	·无须搬运行李、无须挤车，直达目的地 ·最方便舒适	·跳表计费，遇上塞车时，车费偏高 ·市区容易塞车，较难掌控时间	3~4 人一起搭乘最为划算，适合行李较多的旅客

苏汪纳蓬国际机场→清迈·泰北

泰北的清迈是泰国第二大城市，有着北方玫瑰的美丽称号。因其拥有丰富的文化遗产，加上气候清爽宜人，几乎年年被知名旅游杂志《Travel+Leisure》票选为全球最佳十大城市。从曼谷苏汪纳蓬机场前往清迈及泰北地区，共有三种交通工具，分别是国内线飞机、火车和长途巴士。旅客可依照旅行需求及预算选择搭乘。

飞机

若由曼谷前往清迈，则有多家泰国国内线航空可选择。其中泰国航空同时飞往素可泰、湄宏顺及清莱。依照预算等不同条件，选择最适合自己的航空公司，若是遇上航空公司促销特价，搭飞机绝对是前往清迈、泰北地区的最佳途径。

DATA
- 清迈国际机场
  网址：http://www.chiangmaiairportonline.com/
- 素可泰国际机场
  网址：http://portal.aviation.go.th/site/index.jsp#page=page-1
- 清莱国际机场
  网址：http://www.chiangraiairportonline.com/

火车 Train

若时间充裕又想尽览泰北风光，建议可搭乘火车。曼谷华蓝蓬 Hua Lampong 车站每天有6班火车往来于曼谷和清迈之间，车程大约12~15小时；若要前往素可泰，则可搭至彭世洛 Phistsanulok，再转乘巴士。车厢分为头等、二等及三等，费用也有不同，特别快车及快车中的卧铺费用另计，卧铺也有冷气车厢及普通车厢之分。因清迈为泰国旅游胜地，建议卧铺至少应该提前2~3天购买，旺季则须提前1~2周预购。须注意火车一旦误点，甚至要有延迟3~4小时的心理准备。

DATA
- 曼谷华蓝蓬 Hua Lampong 车站
  交通方式：可搭地铁 MRT 直达华蓝蓬车站
  营运时间：08:30~18:00，假日至 00:00
  网址：http://www.railway.co.th
  订票网站：http://www.thailandtrainticket.com/trainticket/

长途巴士 Bus

从曼谷 Phaholyothin 路的北上巴士站（近札都甲周末市集）前往清迈及泰北，车程约6~9小时，分Vip巴士、冷气巴士及普通巴士三种等级。营运时间为每天05:20~22:00。另外有一种在考山路 Khao San Road 上，旅行社经营的观光巴士，票价比公营巴士稍贵，通常在18:00从清迈出发，隔天06:00抵达，对入住考山路的背包客来说比较方便。详细资讯请参考：http://www.transport.co.th

曼谷苏汪纳蓬国际机场前往清迈、泰北交通工具比较表

交通工具	车程	车资	优点	缺点
飞机	曼谷国内线航班前往约1个小时	廉价航空单程约1600泰铢	·最快速且最方便	·费用较高
火车	约12~15小时	依车厢等级约231~1953泰铢不等	·可享受旅途风景 ·可节省住宿费	·时间较长 ·有误点风险
巴士	约9小时	依车种等级而不同，约403~904泰铢	·车程时间较火车短 ·车资合理 ·可节省住宿费	·车上可活动空间较小 ·常有车速过快或故障状况发生，安全性较低

清迈机场→素可泰・湄宏顺・清莱

从清迈机场前往泰北地区的素可泰、湄宏顺及清莱旅游,除可至清迈巴士总站搭乘巴士前往外,也有泰国国内线的飞鸟航空 Nok Air 和 Kan Air 两家航空公司飞往湄宏顺。

清迈机场至素可泰

- 从机场搭计程车或嘟嘟车至清迈公车总站 Arcade Bus Station。
- 再搭乘一等或二等空调公车前往素可泰。
- 每天 06:00~19:30 有几班一等车及 15 班二等车,车程约 6 个小时,车资分别为 281 及 218 泰铢。

清迈机场至湄宏顺

飞机

目前有 Nok Air 及 Kan Air 两家航空公司的航班,由清迈机场飞往湄宏顺,单程机票约 990~1790 泰铢。每日飞航的班次不多,且因为多是小型飞机,行李置放的空间不大,应尽量携带轻便的行李搭乘。

航空公司	票价	航班	网址
Kan Air 航空	1590 泰铢	每日 3 班	http://www.kanairlines.com
Nok Air 航空	1292~1713 泰铢	每日 4 班	http://www.nokair.com

公车

清迈公车总站 Arcade Bus Station 每天都有前往湄宏顺的公车,分两条路线行驶。

公车路线	班次
南线: 走 108 号公路,途经哈特、湄沙良、昆炎。	普通车班次为 06:30、08:00、10:30、13:30、15:00、20:00 冷气车班次为 09:00、21:00
北线: 走 107 号公路及 1095 号公路,途经白城。	普通车班次为 07:00、08:30、10:30、12:30、14:00、16:00 冷气车班次为 08:00

清迈机场至清莱

可由清迈公车总站 Arcade Bus Station 搭乘前往清莱的巴士,车程约 4 小时,车资 169 泰铢。

Chapter 3 快乐出发篇

清迈机场→泰北南邦·雷府·清康

若想感受有别于不夜城曼谷的都市繁华，远离尘嚣，被庙宇与山城围绕，那么泰北几个小城南邦、雷府与清康绝对是上上之选。泰北的清迈国际机场，是旅客前往泰国北部各城最重要的交通枢纽，前往南邦、雷府、清康，可从曼谷苏汪纳蓬国际机场搭乘国内线班机直飞南邦、雷府，或飞往清迈机场，从清迈一路深入旅游这三座城市。

南邦 Lampang

南邦，位于清迈的东南方，是泰北第二大城，也是泰国唯一仍使用传统马车，在市区内当作交通工具的府城。搭乘马车，游览南邦古城小镇风光，仿佛时光倒流。从清迈到南邦有巴士、火车及飞机三种交通方式，旅客可依自己的行程规划选择。

飞机
可从曼谷苏汪纳蓬国际机场搭乘曼谷航空，直飞南邦府机场。每日早上1班，飞行时间约1小时30分，票价约2390泰铢。

火车
每天都有从曼谷至清迈、清迈至曼谷的7个班次列车，途中会经过南邦。从清迈至南邦搭火车，大约需要1个多小时。虽然南邦火车站离市区较近，火车站外也有双条车可到达市区各处，但必须考虑泰国火车班次少且误点严重的问题。

巴士
可于清迈公车总站 Arcade Bus Station 搭巴士前往，每半小时就有一班公车，车程约1.5~2小时。按等级不同，车资约40~140泰铢。

> **DATA**
> ● 曼谷航空网址：
>   http://www.bangkokair.com/eng
>   火车查询网址：
>   http://www.railway.co.th/

雷府 Loei

雷府，为山区地形，相较其他区域的炎热气候，这里的气温凉爽，山林景观淳朴自然。每年举办的"鬼脸节"，早已吸引许多旅客的目光。前往雷府，可从清迈搭乘巴士直达，若想避免舟车劳顿之苦，也可由曼谷搭乘飞往雷府机场的国内线班机，约1小时即可到达。

飞机
于曼谷的 Don Muang Airport 廊曼机场，搭乘国内线 Nok Air 飞鸟航空，直飞雷府机场。每日一班，飞行时间约1个多小时，票价约1666~2133泰铢。

飞鸟航空网址：http://www.nokair.com/

巴士
从曼谷 Mo Chit Bus Terminal 巴士站搭乘巴士，车程约8~11个小时，车资按等级不同，约319~694泰铢。

清康 Chiang Khan

位于雷府北边的清康，地处老挝及泰国交界处，倚伴著名的湄公河。因为保留了百年以上的泰式木造建筑，让原本隐秘的山居小镇，顿时成为闻名的文化景点。目前，前往清康仅有从雷府出发的巴士可以搭乘，不过还是非常值得走一趟的。

巴士
至雷府巴士站 Loei bus Terminal 搭乘巴士前往。车程约1.5小时，车资约30泰铢。或可搭双条车，车程1~1.5小时，车资约35泰铢。

苏汪纳蓬国际机场→芭堤雅

有着东方夏威夷美称的芭堤雅，位于曼谷的东南方，开车只要2小时即可到达。因为天然条件优沃，加上地利之便，这座昔日的泰国皇室海上乐园，如今已成为知名的海滩度假区。从苏汪纳蓬国际机场至芭堤雅的交通，以巴士、计程车为旅客最常利用的交通工具。

公车

由机场出发

从苏汪纳蓬国际机场搭巴士前往芭堤雅，因为车资便宜，所以是大众化的选择。搭机场接驳公车 Shuttle bus 至转运站 Bus terminal，再转搭巴士到芭堤雅，车程约2.5小时。第一班车07:00发车，末班车为22:00，每小时发出一班。

DATA
公车号码：389及999
搭乘处：公车转运站 Bus terminal
班次：8:00、9:00、11:00、13:00、15:00、17:00、19:00
车资：134泰铢
网址：http://www.airportpattayabus.com

由曼谷市区出发

从曼谷搭乘巴士前往芭堤雅，车程约2小时，可在东线的巴士总站(Ekkamai, Sukhumvit Rd.)搭车。公营的冷气车05:00~22:00，大约30分钟一班；普通车05:00~21:00，大约30分钟一班。

DATA
搭乘处：东线巴士总站 Ekkamai
车资：124泰铢

计程车

从苏汪纳蓬国际机场到芭堤雅的计程车资大约为1100泰铢，车程约1.5小时。若是3人以上同行，或晚上抵达苏汪纳蓬国际机场已无前往芭堤雅的巴士，可考虑直接搭计程车，能直达芭堤雅住宿的饭店，方便又快速。

DATA
搭乘处：苏汪纳蓬国际机场计程车招呼站 Public Taxi
车资：依到达目的地而有所不同，一般约1100泰铢

曼谷苏汪纳蓬国际机场前往芭堤雅交通工具比较表

交通工具	车程	车资	优点	缺点
巴士	约2.5小时	约134~230泰铢	・车资便宜	・较费时 ・班次有限
计程车	约1.5小时	1100泰铢	・方便、快速 ・机动性高	・需3人以上分摊车资才划算

苏汪纳蓬国际机场→苏梅岛

苏梅岛，是泰国第三大岛屿，又称椰子岛，以美不胜收的海滩风情吸引着无数观光客前往。前往苏梅岛的交通工具相当多元，但由于从曼谷直达苏梅岛的国内班机价格昂贵，即便其他交通工具较为耗时，大部分旅客还是会选择国内航班转机、搭火车或巴士至苏叻他尼（Surat Thani），再转搭船前往苏梅岛。

飞机

搭飞机前往苏梅岛有两种方式：第一种，是直接搭乘曼谷航空或泰国航空的国内线直达苏梅机场。此方式最省时方便，但价格也最贵。第二种，是先飞往苏叻他尼府机场，再转搭渡轮前往苏梅岛，虽然比直飞多出了一倍的时间，但因为机票较为便宜，也是大部分旅客会选择的交通方式。

航空公司选择比较表

曼谷直飞苏梅机场

航空公司	票价	航班	网址
泰国航空 (TG)	6000 泰铢起	每天 2 个航班	http://www.thaiairways.com.tw
曼谷航空 (PG)	6500 泰铢起	每天 11 个航班	http://www.bangkokair.com

曼谷飞往苏叻他尼府机场

航空公司	票价	航班	网址
泰国亚洲航空 (FD)	约 2700 泰铢起	每天 3 个航班	http://www.airasia.com

巴士 Bus

从曼谷南站 Sai Dai Mai 搭乘开往苏叻他尼的客运巴士，车程约 12 小时，一天约 5~6 班。北站 Mo Chit 也有开往苏叻他尼的班车，但班次较少，一天只有 3 班次。

DATA
南站 Sai Dai Mai：须搭计程车前往。
北站 Mo Chit：可搭乘捷运 BTS 至蒙奇 Mo Chit 站下，再转搭计程车前往。
发车时间：07:30~20:30
车资：依车子等级不同约 600~1000 多泰铢
网址：http://www.transport.co.th

火车 Train

从曼谷华蓝蓬车站搭乘火车抵达苏叻他尼府，车程约 12 小时。需再转乘巴士至码头，转搭渡轮前往苏梅岛。

DATA
时间：约 12 小时，一天约 10 班
票价：以车厢等级不同，458~768 泰铢
网址：http://www.railway.co.th/

渡轮 Ferry

从班东（Ban Don）和当萨（Don Sak）码头，搭乘渡海小轮、快艇和客轮前往苏梅岛。

DATA
船公司电话：
Ferry Line Company：(077) 421-367、(077) 421-367
Songserm Centre：(077) 421-228、(077) 421-228
Raja Ferry Company：(077) 283-656、(077) 283-656

苏汪纳蓬国际机场→普吉岛

普吉岛，位于泰国南部，是泰国最积极发展观光业的岛屿，在拥有丰富天然条件的同时，也拥有一座现代化的国际机场。旅客无论搭乘飞机或长途巴士，都可直接抵达普吉岛，班次和价格的选择也较多元，相当方便。

飞机

从曼谷前往普吉岛主要为泰国航空及曼谷航空，机票价格约 4580~5448 泰铢，另外也有廉价航空泰国亚洲航空和飞鸟航空的班次，票价约 1380~2398 泰铢。因航班非常密集，所以是从曼谷到普吉岛最便捷的交通方式。

航空公司选择比较表

航空公司	票价	航班	网址
泰国航空 (TG)	5448 泰铢	每天 12 个航班	http://www.thaiairways.com.cn
曼谷航空 (PG)	4580 泰铢	每天 23 个航班	http://www.bangkokair.com
泰国亚洲航空 (FD)	1380 泰铢	每天 12 个航班	http://www.airasia.com
飞鸟航空 (DD)	2398 泰铢	每天 3 个航班	http://www.nokair.com

巴士 Bus

巴士分为冷气车及普通车。若想搭乘巴士，可在曼谷南线的巴士总站 Sai Dai Mai 候车，大约每隔 10 分钟就有一班车，车程约 14 小时。

> **DATA**
> 搭乘处：曼谷南线巴士总站 Sai Dai Mai
> 发车时间：06:00~20:00
> 车资：依班车等级不同，约 400~1000 泰铢
> 网址：http://www.transport.co.th

火车 Train

普吉岛无直达火车，需从曼谷华蓝蓬车站搭乘火车抵达苏叻他尼府的 Phun Phin，再转乘巴士到普吉岛。车程约 15 个小时，相当耗时，不建议搭乘。

苏梅机场→苏梅岛·普吉机场→普吉岛

从苏梅机场至苏梅岛

从苏梅机场到住宿饭店，除请饭店接送之外，还可选择搭乘 Mini Bus 或计程车，在机场，Mini Bus 和计程车都有公订价，并在机场大厅设有服务柜台；人多的话建议搭计程车，人少则可以搭 Mini Bus。

Minibus

沿到达饭店先后顺序放旅客下车，以人为计价单位，满 5 人才会开车。

路线	价格：1人／泰铢
Airport-Big Buddha	100
Airport- Chaweng	130
Airport- Chaweng(Center)	130
Airport- Choeng Mon(Only private taxi)	500
Airport- lamai(North/Center)	170
Airport- Lamai(South)	200
Airport- Spa Village/Bill/Rocky`s	200
Airport-Centara Villas/x2	600（1~2人）
Airport- Taling Ngam/Lipa Noi	600（1~2人）
Airport- Bo Phut	130
Airport- Meanam/Bantai/Bangqo	150~200
Airport- Nathon/Four Seasons	200

计程车

至机场柜台告知欲前往的饭店，机场服务人员即会安排计程车直接载到饭店门口。计价方式以车来计算，人多时是较划算又方便的选择。

路线	价格／车
Airport-Big Buddha	400
Airport- Chaweng	500
Airport- Chaweng(Center-South)	500
Airport- Choeng Mon	500
Airport- lamai North	600
Airport- lamai Center	700
Airport- Lamai(South)	800
Airport- Renaissance/Best Western	600
Airport- Spa Village/Rocky/ Hua Thanon	800
Airport-Maenam	600
Airport-Bann Tai/Bang Po/Napasai	700
Airport- Nathon/Four Season	800
Airport-Baan Tailinh Ngam/Centra Villas	1000
Airport-Pang Ka/Banburee/Coconut Villas	1200
Airport- Lacosta/Easy Time/Conrad	1200

租车

苏梅机场有知名的国际租车公司，如 Hertz、Sixt、Budget、Avis 等进驻提供服务，若有需要在岛上开车自驾，可前往咨询，但须注意泰国是右驾，与中国左驾的开车习惯不同，行车要小心。

> **DATA**
> 苏梅国际机场交通网站：http://www.samui-airportonline.com/transportation

从普吉机场至普吉岛

普吉机场与市区间的交通，可请饭店接送，或搭乘机场巴士、Minibus 及计程车。

巴士

机场巴士搭乘地点在机场大楼一楼，出航厦后左转走到头，或机场大楼二楼汉堡王前面。机场发车时间为 06:30~19:30，单程车资按距离计算，约 25~90 泰铢。

路线	停靠站	班次
普吉机场 ｜ 普吉市区	Phuket Bus Terminal、Phantep Condo、Sarakul Sadium、Central - Big C、Erawadee Bypass、Boat Langoon、Heroines Monument、Talang Hall、Indigo Pearl 、Phuket Airport	06:30 09:00 10:30 13:00 14:30 16:00 18:30 19:30

> **DATA**
> 机场巴士网址：
> http://www.airportbusphuket.com/

Minibus

机场外设有服务柜台，车资约 150 泰铢，不过要凑满 6 人才会开车。

计程车

普吉机场外设有计程车招呼站，车资须另外再加 100 泰铢服务费。从机场至普吉市区约 400 泰铢；前往巴东车约 500~600 泰铢，车程约 30~40 分钟。

当地交通工具
多样选择，轻松旅游

1. 曼谷地铁

曼谷的捷运系统，分为高架捷运BTS（Bangkok Mass Transit System Skytrain）及地铁MRT（Metropolitan Rapid Transit Authority）两种：BTS行驶于露天高架轨道；MRT则行驶于地下甬道。但BTS和MRT是两种完全不同的系统，不仅车站不互通，连车票也无法一票到底共用，若要换线转乘，必须先出站再买票进站。

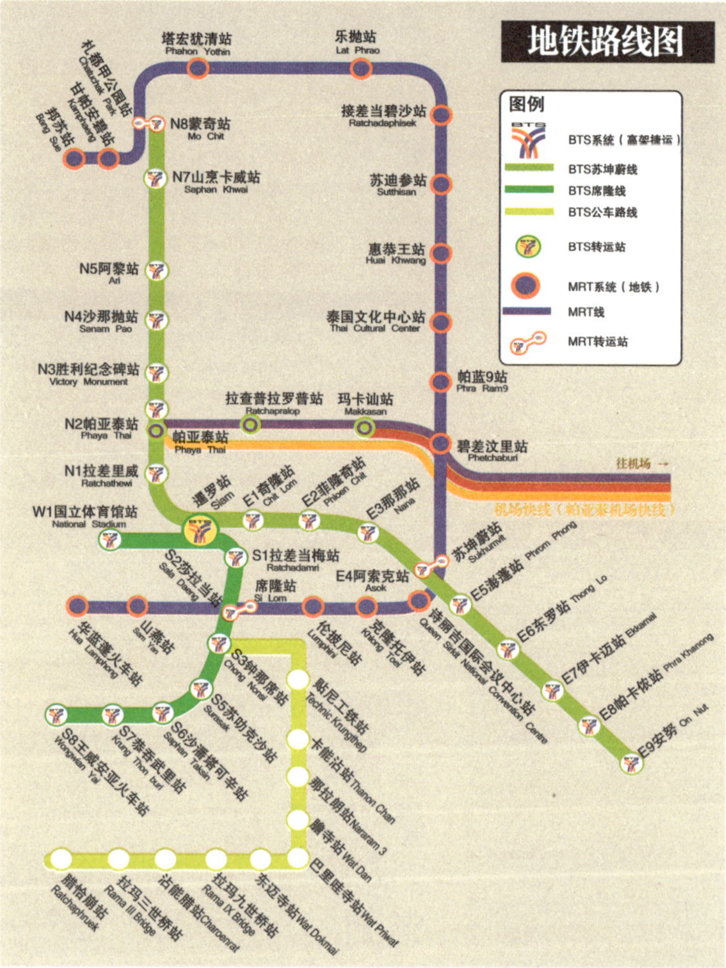

BTS目前有两条路线，分别为席隆线（Silom Line）与苏坤蔚线（Sukhumvit Line）。前者是从市中心连接到昭披耶河的主要干道；后者是从札都甲周末市集到最繁华的苏坤蔚路。MRT系统目前只有一条路线，从札都甲周末市集到华蓝蓬火车站。由于两种系统并不相通，在规划旅游行程时，不妨将同一条线上的景点安排在同一天，以节省时间。

捷运BTS与地铁MRT的图示

Chapter 3 快乐出发篇

● BTS 系统

1. 车票与票价

● 单程票：依照目的地的站别远近，票价从15~40泰铢不等。

储值卡 Skycard：130泰铢（包括30泰铢卡片押金和30泰铢手续费），最高限额2000泰铢，最低100泰铢，期限两年。

● 30天通用卡 30-Day Pass：分学生卡／成人卡，15次搭乘300／375，25次搭乘450／575泰铢，40次搭乘650／840，50次搭乘750／1000泰铢。

● 一日券 One Day Pass：一天之内无限次搭乘，130泰铢。

2. 运行时间：06:00~24:00

3. 总站数及行驶时间：席隆线共9站，需15分；苏坤蔚线共22站，需39分。

4. 购票流程：

Step1

除单程票之外，其他票种都可在服务台购得，只有暹罗站Siam、那那站Nana、沙潘塔克辛站Saphan Taksin三站设有服务台。

Step2

确认想要抵达的站名与路线。

Step3

确定目的地的区域，不同的区域票价不同，需先确定属于"1"、"2"或"3"区域。

Step4

投入零钱，按下目的地区域号码。

Step5

取得卡片。

Step6

进入车站后，月台上方的屏幕会指引正确的月台。

● MRT 系统

1. 车票与票价

● 单程票：16~40泰铢。

● 储值卡 Stored Value Card：这是最方便的MRTA交通卡，最少230泰铢（包括30泰铢卡片押金和30泰铢手续费），最高限额1000泰铢，退卡时可将押金与余钱退回。

● 有1、3、15、30日券，及1、3、15、30的Day Pass，于指定天数内无限搭乘，价格依天数计为120~1400泰铢。

2. 运行时间：06:00~24:00

3. 总站数及行驶时间：共18站，约45分。

4. 购票流程：

Step1

使用自动购票机购票，可显示英文版本。

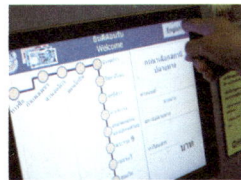

Step2

选择抵达站别，上面会显示票价。

Step3

投入零钱。

Step4

取得代币，就是单程票。

Step5

将代币放置于闸门上的位置，让机器读取后代币进入。

Step6

月台上方看板会指示不同方向列车的候车月台。

2. 火车・昭披耶河游船

🚂 火车

泰国的铁路以曼谷为中心，向北、东、南、东北延伸，北部到清迈，东部到缅甸边境，南部则到马来西亚国境，共有4条国立铁路主要干线。

车种与车厢种类

车种依速度分为特快 SP、柴油特快 SP DRC、快车 EXP 及快速 RAP；车厢分为头等、二等及三等，头等有冷气，二等分冷气和风扇车，三等只有风扇，费用各有不同；特快车及快车的卧铺费用另计。卧铺也有冷气车厢及普通车厢之分。

路线种类

路线名称	主要路线	主要停靠站	车程
北方线 Northern Line	曼谷到清迈	艾尤塔雅 Ayutthaya、华富里 Lopburi、彭世洛 Phitsanulok、南邦 Lampang	每天共二班次往返的特快车、快车。特快车为14小时30分钟
东方线 Eastern Line	曼谷和柬埔寨边境附近的亚兰 Aranyaprathet	查强 Cha Choeng Sao、马德望 Bat Tambang	9小时
东北线 Northeastern Line	曼谷至柬埔寨的诺凯 Nong	艾尤塔雅 Ayutthaya、那呵叻 Nakhon Ratchasima、乌隆 Udon Thani。那呵叻有支线经过素林 Surin、四色菊 Si Sakes、乌汶 Ubon Ratchathani	特快车11小时
南方线 Southern Line	曼谷到马来西亚及新加坡	途经七岩 Cha Am、直达合艾 Hat Yai，再穿越国界至马来西亚首都吉隆坡及新加坡	曼谷至吉隆坡，需约40小时；曼谷至新加坡，约46小时

泰国国铁官网： http://www.railway.co.th

🚢 昭披耶河游船

昭披耶河是曼谷最重要的水路，即便现在已有多种陆上交通，但依然是当地居民的日常交通工具之一。游客可在中央码头 Central pier 售票柜台购买150泰铢的一日券，无限次搭乘各种船舶。须注意的是昭披耶快速游船只行驶到19:30，返程必须提早等船。

船种路线一览表

船种	标示旗帜	路线	营运时间	票价
当地船 Local	无旗帜	从最北端的 Nonthburi 港到南端的 Wat Rajsingkorn 港，34个港口每站都停	06:00~08:40 15:00~18:00 约20~25分钟一班	依距离不同，约10~14泰铢
快速游船 Express	橘色旗帜	从最北端的 Nonthburi 港到南端的 Wat Rajsingkorn 港，只停重要的18个港口	05:50~18:40 每5~20分钟一班	15泰铢
快速游船 Express	绿色旗帜	从中央码头 Central pier 到最南端的 Pakkret，只停12个码头	06:15~08:10 每15~30分钟一班	依距离不同，约13~32泰铢
快速游船 Express	黄色旗帜	从最北端的 Nonthburi 港到最南端 Ratburana，只停最重要的10个港口	06:10~08:40 15:45~19:30 约每30分钟一班	依距离不同，分别是20、29泰铢
观光船	蓝色旗帜	在几个主要观光点码头停靠，船上会有英文导览	09:30~16:00 每30分钟一班	40泰铢

昭披耶河网址： http://www.chaophrayaexpressboat.com

3. 巴士・豪华轿车・计程车・嘟嘟车・双条车

◎ 巴士

泰国的巴士网络相当绵密，在市区及郊区都有巴士服务，不过因为巴士站大部分都只以泰文标示行经路线，建议事先查询路线及乘车资讯、准备好路程手册与地图再上路。

曼谷巴士站及路线

巴士站	路线	前往搭乘	联络电话
北部巴士总站 Mo Chit	往艾尤塔雅、素可泰、清迈、清莱等地	位于 Kamphaeng phet 2 Road 上，可搭乘 BTS 至 Mo Chit 站下，再转搭计程车前往	0-2537-8054~5；0-2537-5056
东部巴士总站 Eastern Bus Route	芭堤雅、沙美	位于 Sukhumvit Road 上，BTS 线至 Ekkamai 站 2 号出口，东站即在旁边	0-2435-1199、2434-7192（空调车）；0-2272-0295（非空调车）
南部巴士总站 Sai Dai Mai	华欣、苏梅、普吉、合艾、北碧	位于 Boromrat Chonnani Road 上，需搭乘计程车前往	0-435-1199、434-7192（空调车）；0-272-0295（非空调车）

车种

有空调车与普通车之分。公共巴士收费会比一般私营巴士便宜，但服务当然逊于私营巴士。若想搭乘更舒适的巴士，可搭只有 24 个座位的 VIP 巴士，内有娱乐设备。查询网址：http://www.bmta.co.th/en/index.php

◎ MINI VAN

可搭载 12~14 人的厢型小巴，连接曼谷周边短程及中程距离景点，票价按距离计算，约 60~180 泰铢不等，需凑足人数才开车。发车地点集中在捷运 BTS 胜利纪念碑站 Victory Monument，2 号出口 Century The Movie Plaza 旁，但因为发车地点不集中，加上无明显的英文标示，要多花点时间找车和找路。

◎ 豪华轿车（租车）

苏汪纳蓬国际机场设有租车柜台，可直接在机场租车，或在曼谷的电话簿上也可找到当地及国际性租车公司，如 AVIS、BUDGET 等，皆可提供游客附司机，或游客自驾的租车服务。在芭堤雅、清迈、普吉等各大城市也都有租车公司。要注意，如租车自驾，必须于行前在中国换妥国际驾照，且泰国驾驶座及驾驶方向与中国左右相反，须特别小心。

DATA
AVIS：http://www.avis.com
BUDGET：http://www.budget.ca/en
HERTZ：http://www.hertz.com

◎ 计程车 Taxi

泰国计程车数量相当多，不同颜色的计程车代表不同的计程车公司。大部分的计程车都跳表收费，起价为 35 泰铢，每 500 米跳 2 泰铢。唯一的例外是机场排班计程车，游客自机场搭计程车至曼谷市中心，除跳表费用之外，须加付司机 50 泰铢的服务费及收费站过路费用。

为避免鸡同鸭讲，最好能事先把欲前往的地点写成泰文或英文交给司机。计程车及司机资料都会展示在座位前，若有任何纠纷，记得记下车号资料并投诉泰国旅游局。

◎ 嘟嘟车 Tuk Tuk

结合摩托车与三轮车的特殊交通工具，就是泰国常见的嘟嘟车。一车可载 2~4 人，机动性强。在搭乘之前，一定要先和司机依地点的远近谈妥价格，讲价时务必确认费用是单人（PERSON）还是所有的人（TOTAL），原则上以 30 泰铢起价，超过 100 泰铢就算贵了。另外要特别注意的是，有些嘟嘟车司机会提出带游客做一日游的服务，由于会发生沟通不良或是带游客去土产店强迫购物的争议，千万不要接受，仅单纯坐交通工具即可。

◎ 双条车 Song Thaew

将小货车改装，后面的车厢改放两排开放式座椅，旁边加一个电铃，没有冷气和后车门，也没有安全带，这就是泰国当地极具特色的双条车。双条车的价格一人约 20 泰铢左右，因为非跳表计费，为避免争议，最好在上车前与司机谈妥价钱，若真遇到上车前谈妥价钱，下车时临时加价的情况，务必直接拒绝不要妥协。

行程1：	曼谷购物血拼3日游	**078**
行程2：	曼谷贵妇SPA 3日游	**080**
行程3：	曼谷时尚设计4日游	**082**
行程4：	大城水上市场3日游	**084**
行程5：	曼谷华欣历史4日游	**086**
行程6：	清迈时尚3日游	**088**
行程7：	清迈古城郊区3日游	**090**
行程8：	泰北风情4日游	**092**
行程9：	芭堤雅4日游	**094**
行程10：	苏梅岛4日游	**096**
行程11：	普吉岛4日游	**098**

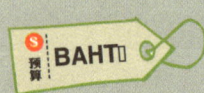

本单元预算金额的计算基准，请参考第51页。此外，曼谷当地的行程是以捷运为主要交通工具，曼谷以外的地区，则以当地大众运输工具，如巴士、计程车或双条车等，住宿则以三星级旅馆为预算。

Chapter 4
达人行程篇

行程 1　曼谷购物血拼 3 日游

旅游焦点 >> Central World、ZEN、百丽宫、暹罗广场、札都甲周末市集

曼谷是泰国最繁华的都市，当然也是购物血拼的热门地区。无论是国际顶级精品，或是泰国知名的设计师品牌及当地平价商品，多到让人目不暇接，绝对能满足不同的购物需求。

■ 3 日行程怎么玩

DAY 1　● 捷运奇隆站（BTS Chitlom）

搭乘 BTS 捷运至 Chitlom 站，与捷运连接的 Central Chidlom 百货公司是曼谷最重要的百货，虽然历史悠久，但却更显大气，许多泰国上流社会的贵妇们都爱来这里消费。这里有国际精品品牌，也有泰国设计师品牌，如 Boyy Bag、vickteerut、TAWN C 等，非常值得一逛；中午可在 Central Food Loft 美食街享用地道的午餐。下午沿着 BTS 的空中走廊（SKYWALK）一路走到 **Central World**、**ZEN**（见 P103、P104）及 "ISETAN" 三家连成一气的百货公司。这里拥有最齐全的服装品牌、香氛商品、家具家饰、各式鞋子、曼谷包旗舰店，只要想得到的，这里都可以找到。而 FOREVER 21、GAP、Pull and Bear、TOPSHOP……更是全员大集合，得花一整天的时间才能逛得尽兴哦。

Chapter 4 达人行程篇

DAY 2
● 捷运遏罗站（BTS Siam）

搭乘 BTS 捷运到 Siam 站。这也是曼谷 BTS 捷运两条路线的唯一交会站。这里有曼谷最热闹的购物商场**百丽宫**（见 P104）、Siam Center 和 Siam Discovery Center，逛完也需要半天到一天的时间。目前泰国唯一一家"H&M"就设在 Siam Paragon 购物中心，喜欢平价时尚的朋友绝对要来。而全新开幕的 Siam Center，则是以全新的设计理念与消费者见面，想知道新一代泰国人的新创意和设计风格，就不能错过。BTS Siam 站另一边就是**遏罗广场**（见 P105），当地学生及年轻人也很爱来逛这一区域，有许多设计小店、服饰店、地道美食餐厅、连锁按摩店，商品价位平易近人，是活力十足的一区。

DAY 3
▽ 捷运蒙奇站（BTS Mo Chit）
● 地铁札都甲公园站（MRT Chatuchak Park）
▽ 地铁甘帕安碧站（MRT Kampaeng Phet）
● 捷运阿索克站（BTS Asok）
● 地铁苏坤蔚站（MRT Sukhumvit）

只在周末六、日营业，位于 BTS 捷运蒙奇站或地铁 MRT 札都甲公园站、甘帕安碧站下车，都可以到**札都甲周末市集**（见 P117），是所有游客绝对不能错过的超大跳蚤市场。无论服饰、杂货、家具、食品、创意设计商品等，应有尽有。在这里有几个购物秘诀，因为市集面积超大，看到喜欢的商品就要下手，否则会头可能就很难找到那家商店了。除此之外，这里都是用现金交易，要准备足够的泰铢。逛完之后稍做休息，可以从 BTS 捷运阿索克站或地铁 MRT 苏坤蔚站，直接连接到 Terminal 21 购物中心。购物中心可以看到纽约、伦敦、日本、意大利等各国造景，好拍照又好购物，而除餐厅和小商店外，当然还有许多泰国知名的时装品牌，像是 JASPAL、CHS CHAPS、F-FASHION、CC-OO、Promod、Camel Active，等等。这里还有一家"小老板海苔"专卖店，是买伴手礼的好地方。

本行程预算	
交通费	฿ 200
住宿费	฿ 4000
饮食费	฿ 2400
杂支费	฿ 500
购物	฿ 5000～15 000
总计	฿ 12 100～22 100

行程 2　曼谷贵妇 SPA 3日游

旅游焦点 >> 暹罗、席隆、帕蓬

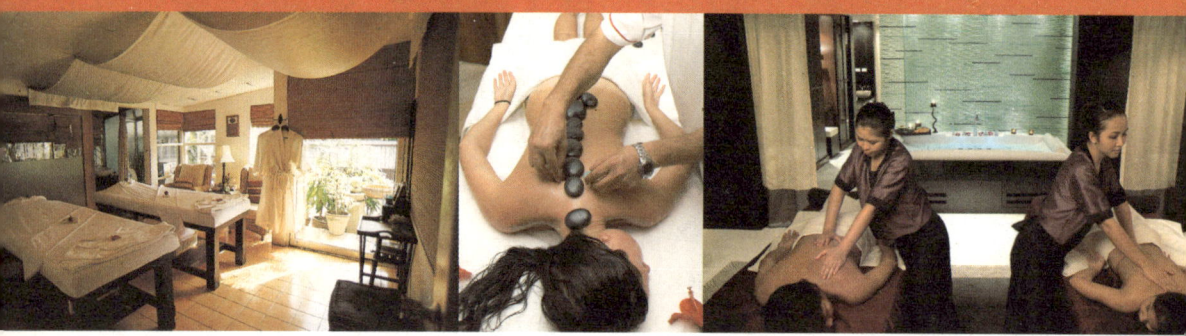

到泰国绝对不能错过的就是体验各式 SPA，除可让身心放松外，还有提振精神的效果。曼谷拥有许多国际知名的 SPA，从平价的足底按摩、泰式按摩到顶级 SPA 疗程、医疗等级 SPA 等，让人简直不想离开这里了！

■ 3日行程怎么玩

DAY 1　● 搭地铁至伦披尼站（MRT Lumphini）或搭计程车至 Sofitel So Bangkok 饭店

前往曼谷知名的 Sofitel So Bangkok 酒店内的 So Spa，体验最知名的 So Spa 各式疗程，可以选择只做疗程，或是做疗程加住宿。酒店以金、木、水、火、土五行为设计理念。这里最招牌的 SPA 疗程就是 Serenity of Five Elements，在 90 分钟里可以体验到以五行为创意的各段疗程，极为放松。结束疗程后可到饭店顶楼知名的 Park Society 餐厅，享用无敌夜景与精致佳肴，度过悠闲的一天。

Chapter 4 达人行程篇

DAY 2

● 搭计程车到 GAYSORN 购物中心

享用早餐稍做休息之后，前往曼谷知名贵妇百货 GAYSORN 购物。这里是泰国曼谷上流社会人士与艺人喜爱的购物中心之一，有许多国际精品、泰国独家品牌。泰国唯一一家 Pañpuri Organic Spa 也在购物中心内，同时在欧洲也有分店。Pañpuri Organic Spa 使用的是同名 SPA 品牌 Pañpuri 商品，以高品质、百分之百有机为诉求，让所有顾客体验极受呵护的 SPA。其中最有名的经典 SPA 是 Mali Moonlight Massage，可依个人需求选择 60 分钟或 90 分钟疗程。而晚餐可选择在同一商场内，由知名的涵庭 SPA 设立的餐厅 Thann Café Bangkok 享用。餐厅以有机餐点为诉求，兼具美味及健康。

DAY 3

● 从捷运沙潘塔克辛站（BTS Saphan Taksin）下，走到昭披耶河边搭乘饭店接驳船直达

The Siam Hotel 虽然不在曼谷市区，但却很值得到这里来体验远离尘嚣，宛如世外桃源的世界。The Siam Hotel 酒店房间不算多，只有 10 间 Pool Villas 和 28 间 Suites，所以开幕至今总是客满。饭店内的 Opium SPA，以极优雅的装潢与地道手技知名，疗程全程使用来自澳大利亚百分之百天然的 Sodashi 品牌。在疗程前后，顾客也可到专属的豪华浴场 Bath House 使用三温暖，低调奢华的终极享受，叫人不流连也难。

本行程预算

交通费	฿ 1000
住宿费	฿ 8000
饮食费	฿ 3000
SPA 费	฿ 15 000
杂费	฿ 3000
购物费	฿ 5000~8000
总计	฿ 35 000~38 000

行程3 曼谷时尚设计 4日游

旅游焦点 >> 暹罗、泰国创意设计中心、苏坤蔚、帕蓬、札都甲周末市集

泰国的设计风气在政府的大力支持下，加上年轻人的创作活力及泰式幽默，逐渐在全球各大设计比赛中崭露头角，并在设计界占有一席之地。喜欢设计的朋友，当然要花些时间好好来取取经。

■ 3日行程怎么玩

DAY 1 ● 捷运暹罗站（BTS Siam） ▶ 捷运国立体育馆站（BTS National Stadium）

可先到暹罗Siam Discovery购物中心逛逛。这里位于曼谷市中心，不仅地点方便，且拥有许多知名家具店、文具店及设计名店。如，来自日本，贩售各种有趣文具的LOFT，就很受年轻人的欢迎；Good Job以办公文具为主；Propaganda以知名的尿尿小童Mr. P相关商品受到瞩目。若喜欢家具、家饰品，Degree、DOS、roomconceptstore，在年度拍卖季节时会有极低的折扣，非常划算。逛累了可以到6楼、7楼的The Ninth Café和Moulin休息。从Siam Discovery可一路走到曼谷艺术及文化中心BACC（Bangkok Art & Culture Centre）。这里随时举行免费展览，假日也有音乐会或戏剧演出，而里面的设计小店和餐厅也都值得一访，是设计爱好者的天堂。

Chapter 4 达人行程篇

DAY 3

🚕 搭计程车直接抵达
● 捷运沙潘塔克辛站（BTS Saphan Taksin）

　　位于曼谷的水晶设计中心 CDC（Crystal Design Center）是目前很受设计人士推崇的据点。附近没有捷运，搭计程车来回比较方便。在这里有超过 300 个店家，展示约 3000 多种世界级设计或家具品牌，像是 Fendi、Kenzo、Vitra、Magis、Driade、VBF、EMU、Villeroy & Boch 等，不论专业设计师、建筑师或是一般游客，都能在这里找到喜欢的品牌。这里还有一些大家熟知的曼谷餐厅，像是 Momo paradise、知名日本料理餐厅 Nobu 以及人气红酒吧 WINE I LOVE YOU，此外还有周末市集和一家设计图书馆。接下来可搭计程车或到 BTS 沙潘塔克辛站（Saphan Taksin），搭乘免费接驳船到 ASIATIQUE 河边夜市。ASIATIQUE 是个重新打造的河边夜市，保留了一些古老的仓库及建筑元素，非常具有新旧融合的特色。

DAY 2

● 捷运澎蓬站（BTS PhromPhong）

　　位于与此站相连的高级百货 Emporium 6 楼的**泰国创意设计中心 TCDC**（见 P110），里面分为几区：入口前有一区是举办展览的地方，里头有间创意图书馆，提供各式设计美学丛书与杂志，只要凭护照就可以免费进去参观一次。TCDC 旁有一家充满设计感的开放式咖啡厅 KIOSK，提供好吃的各式餐点和早午餐，并有免费 Wi-Fi 服务，每周末傍晚还会有现场 JAZZ 表演。要注意的是 TCDC 每逢周一休馆，千万不要白跑一趟啰！

DAY 4

▼ 捷运蒙奇站（BTS Mo Chit）
▼ 地铁札都甲公园站（MRT Chatuchak Park）
● 地铁甘帕安碧站（MRT Kampaeng Phet）

　　结束 3 大新潮的时尚设计之旅后，周末到**札都甲周末市集**（见 P117），回味一下传统的泰国市集文化。在这片广大的市集内尽情吃、喝、玩、买，或许可以从中发现泰国新颖设计风格的古老渊源。来到这里可要储存足够的体力，同时也要注意随时补充水分。逛累了，这里也有许多特色咖啡厅、餐厅和知名的杧果糯米饭 Mango Tango 分店。经过时别忘了一定要进去尝尝这道泰国的知名小吃。

本行程预算

交通费	฿ 800
住宿费	฿ 6000
饮食费	฿ 3000
杂费	฿ 800
购物费	฿ 5000~20 000
总计	**฿ 15 600~30 600**

行程 4 大城水上市场 3 日游

旅游焦点 >> 大城、玛哈泰寺、帕席桑碧寺、安帕瓦水上市场、美功铁道市场

 游泰国古都大城及保有古风的安帕瓦水上市场，让人遥想往日的暹罗旧时光。这两个地方都是可以一日来回的景点，放慢脚步轻松闲逛，即会发现旅途中的小确幸。

■ 3日行程怎么玩

DAY 1
- 至捷运胜利纪念碑站（BTS Victory Monument）附近搭小巴士（Mini Van）或包计程车直接抵达大城
- 夜宿大城旅馆或民宿

大城，位于曼谷北部约 80 公里处，搭车需 1.5~2 小时，包车来回比较方便。到大城之后可骑单车或租摩托车，深入参观皇宫遗址及寺庙。**玛哈泰寺**（树中佛陀）、**帕席桑碧寺**及**户外卧佛**（见P120），都得细细游览。到了傍晚，参加搭船小旅行，在船上从不同角度欣赏寺庙风景，感受有别于白天的大城。

Chapter 4 达人行程篇

DAY 2 ● 从大城搭车至捷运胜利纪念碑站（BTS Victory Monument）附近，再搭小巴士（Mini Van）直接抵达安帕瓦夜宿安帕瓦旅馆或民宿

继续参观未完成的大城寺庙，然后驱车出发向南走，一路向**安帕瓦水上市场**（见P118）前进。安帕瓦水上市场只从周五傍晚开始营业到周日晚上。这里仍然保留部分古时候的传统景象，还有一个小型商店，展示以前真正使用过的小贩船只，可以近距离欣赏。再到周边的商品店逛逛，尤其是装潢独特的咖啡厅和餐厅，逛累了可以喝杯饮料，肚子饿了，就尝尝这里的海鲜料理，如，烤大头虾、烤鱿鱼、烤鱼等。安帕瓦河流的水质仍算干净，夜间搭上游船，在外围游客较少的地方赏萤火虫，以这些环绕在身边如星星的光亮，结束充满泰式传统风情的一天。

DAY 3 ● 从安帕瓦搭小巴士（Mini Van）或包专车回曼谷

一大早在安帕瓦河边吃早餐，享受难得宁静的美好时光。接着出发到网络上极为热门的"铁支路"，也就是**美功铁道市场**（见P118），亲眼见识这平时看起来和一般传统市场没两样，一旦火车经过便快速收摊，露出铁道让火车通过，等到火车一过，所有的摊贩又迅速恢复原貌，像没事一样，非常有趣。树中庙是这里的重要景点之一，瞧瞧一棵树中竟会有一间寺庙，而且还供奉着金光闪闪的佛像。接着继续到庙旁的泰拳公园，看看由许多人形雕像展示的泰拳姿势，每尊雕像神情都不一样，栩栩如生，可以在这儿多拍几张照片留念。

本行程预算
交通费	฿4000
住宿费	฿4000
饮食费	฿3000
杂费	฿1000
购物费	฿1000~3000
总计	฿13 000~15 000

行程 5 曼谷华欣历史 4 日游

旅游焦点 >> 金汤普逊之家、郑王庙、大皇宫、卧佛寺、华欣火车站、Cicada、华欣夜市、爱与希望之宫

历史建筑与佛寺，是第一次来到泰国的旅客一定要参观的景点。泰国皇室最爱的度假圣地华欣，则同样有着轻松的度假氛围。这里五星级饭店林立，是泰国人周末旅行的最佳选择。

■ 4日行程怎么玩

DAY 1
- 捷运国立体育馆站（BTS National Studim）
- 捷运沙潘塔克辛站（BTS Saphan Taksin）至中央码头（CENTRAL Pier）搭船到 Tha Tien（N8）码头换小船
- 搭船前往郑王庙

到达曼谷之后，先前往**金汤普逊之家**（见P105）。这是传奇人物泰丝大王金汤普逊的家，现已改成博物馆，展示金汤普逊的收藏，现场有专人导览，一楼还有个 Jim Thompson Café，餐点非常地道，同时还有商店，贩售泰丝相关商品。接着可以前往**郑王庙**（见P113）。寺庙内的佛塔有"泰国埃菲尔铁塔"之称，佛塔表面镶嵌了许多陶瓷碗的碎片，在阳光照射下发出美丽的光芒。这里的夕阳很值得一看。

Chapter 4 达人行程篇

DAY 2
- 搭船前往 Tha Chang（N9）码头（步行 5 分钟）
- 从大皇宫步行前往卧佛寺

搭昭披耶河的交通船到 Tha Chang 码头，步行 5 分钟前往**大皇宫**（见 P112）。这里会有一些骗子与司机告诉你大皇宫没开，但千万别理采他们。大皇宫包含了玉佛寺（Wat Phra Kaeo）、皇宫（The Grand Palace）、金色舍利塔、藏经阁和守护神，还有却克里·马哈·帕撒宫、杜喜皇殿、阿玛林宫等，都是泰国最重要的历史文化遗产，绝对要细细欣赏。接着前往以巨型卧佛闻名的**卧佛寺**（见 P112），长 45 米、高 15 米，金光闪闪的卧佛，几乎占满整个佛堂。走路走累了，可到一旁的按摩处按摩，卧佛寺是泰国按摩的发源地，技术非常地道。

DAY 3
- 包车或搭至捷运胜利纪念碑站（BTS Victory Monument）附近搭小巴士（Mini Van）前往华欣
- 在华欣过夜

出发前往华欣，首先来到**华欣火车站**（见 P122）。这里仍然保留着只给来此度假的泰国皇室所使用的皇室候车室，也被誉为全世界最小的候车室，平时不会开放，但是游客可以在这里拍照。接着前往 **Cicada 创意市集**（见 P122），华欣最新的创意设计市集。这里有艺术表演和相关商品设计等，艺术家会现场帮你描绘画像或 T 恤，非常好逛。晚上再到**华欣夜市**（见 P122）享用海鲜。这里的海鲜非常美味，价格又合理。

DAY 4
- 从旅馆包计程车或嘟嘟车前往爱与希望之宫

用完早餐后，前往**爱与希望之宫**（见 P122）。爱与希望之宫以泰式和西式建筑手法建造而成，是一座架高式的宫殿，视野非常辽阔也极为凉爽。宫殿面对海滩，以长廊连接每栋一建筑，因为是以柚木建成的古迹，所以在此参观记得轻声细语，动作小心。这里还展示拉玛六世时期留下来的一些物品，是华欣最重要的历史景点。接着到沿着华欣海岸而建的咖啡厅，喝杯咖啡，欣赏海边景色，度过一个皇室风格的休闲下午。

本行程预算
交通费	฿ 6000
住宿费	฿ 6000
饮食费	฿ 3000
杂费	฿ 1000
购物费	฿ 1000~20 000
总计	฿ 17 000~18 000

行程 6　清迈时尚 3 日游

旅游焦点 >> Hearb Basics、清迈夜市、尼曼明路

大部分游客对于清迈的印象都是朴实悠闲，但现在的清迈，已在流行与时尚方面崭露头角，许多当地的年轻朋友也会在市集上贩售各项设计商品，为这里带来有别以往的新面貌。

3 日行程怎么玩

DAY 1

● 自清迈市区搭乘计程车或嘟嘟车

到达清迈之后，会立刻感受到不同于曼谷的氛围。首先，前往极为知名的 iberry Garden 冰淇淋店稍作休息，品尝一下泰式奶茶口味和泰国柠檬口味的冰淇淋；店内宽广的院子和一只约 5 米的小狗雕像，是所有到清迈的旅客一定要拍照的景点。一旁还有个礼品专卖店，有许多独家商品可以购买。接着就到塔佩门附近的 **Hearb Basics**（见 P127）购买物美价廉的 SPA 商品，举凡精油、沐浴用品、手工香皂等，全都标榜使用天然香料，并在当地生产，非常受到各国游客的喜爱。晚上再到**清迈夜市**（见 P128）吃地道的小吃，再继续购买五花八门的泰国商品。这里也可看到住在清迈山区的妇女，穿着传统服装在市集上叫卖民俗手工艺品，极具当地特色。

Chapter 4 达人行程篇

DAY 2
- 搭计程车或嘟嘟车前往清迈四季度假村
- 搭计程车或嘟嘟车到清迈尼曼明路

清迈四季度假村,是清迈首屈一指的五星级度假村,经过一日的购物采买,最适合来到这里享受极致的 SPA 疗程。预订一间有户外空间的个人专属疗程室,体验与大自然合而为一的感受。结束疗程后,享用饭店知名的下午茶,品尝美味甜点,远望淳朴的梯田景色、看农夫牵着水牛耕田,时间彷彿静止一般,难怪全世界的游客都喜欢来这里。接着前往清迈新兴的**尼曼明路**(见 P128),逛逛这条清迈的创意设计街区,在小巷弄中寻找风格独特的时尚小店、餐厅,到 Doi Chaang Coffee 喝杯著名的清莱咖啡,还有一家日本人开的蛋糕店 Mont Blanc;在这里慢慢挖宝,一定可以买到许多独一无二的伴手礼和纪念品。

DAY 3
- 搭计程车或嘟嘟车前往 Central Airport Plaza

前往位于清迈机场和市区之间的 Central Airport Plaza。这里是清迈唯一的大型百货公司,可以在此买到和曼谷相同的时装品牌。另外,一定要逛一下泰北商品专区,里面贩售许多泰北才有的各类商品,不管是吃的、穿的、用的,还有纪念品或是伴手礼,一应俱全,离开清迈之前可尽情采买一番。

本行程预算	
交通费	฿ 2000
住宿费	฿ 4000
饮食费	฿ 2000
SPA 费	฿ 4000~5000
杂费	฿ 1000
购物费	฿ 1000~2000
总计	฿ 14 000~16 000

行程 7　清迈古城郊区 3 日游

旅游焦点 >> 隆圣骨寺、帕邢寺、松达寺、双龙寺、博桑雨伞制作中心

1970 年后，泰国政府大力建设与保存古迹，使得我们今天仍能一窥清迈昔日以兰纳王国为首都时的辉煌景象。清迈的高山河流与历史悠久的古迹庙宇，是缅怀古国遗迹的首选城市。

3 日行程怎么玩

DAY 1 ● 从清迈市区搭乘嘟嘟车或双条车前往塔佩门（Thapae Gate）

　　上午到达塔佩门一带。塔佩门周边至今仍保留有许多兰纳王国时期的古寺。第一个要参观的就是位于清迈古城正中央的**隆圣骨寺**（见 P127）。这是一座极高的巨大佛塔，入口以蛇和孔雀装饰其上，为兰纳王朝时期的建筑风格。再步行到此地香火最盛的**帕邢寺**（见 P126）。寺内的正殿极为壮丽，也是清迈最尊贵的寺院，可以在此好好祈福。最后到达**松达寺**（见 P126），见识一下这座曾为兰纳王朝皇室花园的"花园之寺"，参拜佛塔旁一尊 500 年历史的巨大青铜佛像。晚上再到清迈夜市祭祭五脏庙，顺便血拼购物。

Chapter 4 达人行程篇

DAY 2

- 从昌卜克门（Chang Puak Gate）搭双条车或包车前往双龙寺
- 从双龙寺搭双条车或包车前往清迈夜间动物园

驱车前往清迈西边素帖方向，到最知名的**双龙寺**（见P129）。双龙寺建于西元1383年，是泰北地理位置最高的寺庙，同时也是最神圣的寺庙之一。若不怕累，可从山脚一路往上，登上标高1080米的双龙寺，或搭乘收费缆车上山。到达后参观寺内最主要的景点，高达22米的金色巨型佛塔，里面供奉佛舍利子，是泰北人民的信仰中心。佛塔旁极具兰纳风情的金伞也很特别，可在此拍照留念。晚上则前往清迈夜间动物园，搭乘一次可载24人的四轮传动车，进入草原，随英语导览解说，观察夜间出没的斑马、羚羊、老虎、狮子等动物，最后到天鹅湖区观赏大型水幕声光秀，结束这动静皆宜的一天。

DAY 3

- 搭乘嘟嘟车或双条车前往博桑雨伞制作中心
- 搭乘嘟嘟车或双条车前往银器工厂
- 搭乘嘟嘟车或双条车前往 Central Airport Plaza

难得来一趟清迈，当然不能错过当地独有的手工艺品。首先前往专门出产油纸伞的**博桑雨伞制作中心**（见P129），参观油纸伞制作过程后，可参加纸伞绘画体验，将自己亲手创作的民族纸伞带回家当作纪念品。之后前往附近的 P. Collection 银器工厂，看看泰国银器从设计、镕铸、雕刻到刨光的制作过程。这里有各式各样的银器，无论容器类或装饰类，都充满泰式风情，买回去自用或当伴手礼都相当适宜。离开清迈之前，可再顺路绕道 Central Airport Plaza 做最后采买及用餐。

本行程预算

交通费	฿ 3000
住宿费	฿ 5000
饮食费	฿ 2000
门票杂费	฿ 1000
购物费	฿ 1000~2000
总计	**฿ 12 000~13 000**

行程 8 泰北风情 4 日游

旅游焦点 >> 隆圣骨寺、帕邢寺、清迈夜市、素可泰遗迹公园、旧城区夜市、席撒查那来遗迹公园

除了在清迈，若还想参观其他寺庙，可将行程延伸至素可泰。素可泰，泰文意为"幸福的黎明"，如同这个王朝，维持了 140 年的光辉历史。今日仍可透过遗址，感受到素可泰王朝辉煌的过去。

■ 4 日行程怎么玩

DAY 1
- 搭飞机抵达清迈国际机场
- 搭计程车抵饭店
- 在清迈过夜

刚抵达清迈，稍事休息后，搭乘嘟嘟车前往塔佩门一带，慢慢游览旧城区内的古寺。参观位于清迈古城中心的**隆圣骨寺**（见 P127），见识这座庄严肃穆的巨大佛塔；再漫步前往清迈香火最鼎盛的寺庙**帕邢寺**（见 P126），与当地信众一起祈福参拜，并欣赏佛经故事壁画。晚上则安排到**清迈夜市**（见 P128）轻松一下，吃些当地特色小吃，买些这里才有的泰北民俗手工艺品，再心满意足地回饭店休息。

Chapter 4 达人行程篇

DAY 2
- 从清迈市区包车或搭乘巴士前往素可泰（搭乘巴士约6小时）
- 在素可泰过夜

抵达素可泰之后，搭双条车或嘟嘟车前往新城区的**塔威寺**（Wat Thawet）参观。这里有许多真人大小的人像与佛像雕塑，多以展现极乐世界和地狱景象为主，还有一些佛教故事场景。接着前往**宋卡洛博物馆**（Sangkhalok Museum），内有许多素可泰时期的陶瓷、陶器、青铜器，及与中国有关的钱币等，值得仔细观览。

DAY 3
- 搭嘟嘟车前往素可泰遗址公园
- 租单车或摩托车参观公园
- 从公园至旧城区夜市（步行约10分钟）
- 夜宿素可泰

素可泰遗址公园（见P133）分为城内、城垣北边、城垣南边、城垣东边及城垣西边五大区域。城内、城垣北边、城垣东边、城垣西边各自收取不同的入场费。因为占地面积广大，进入遗址公园前别忘了拿份地图。首先来到位于城内正中心的玛哈泰寺（Wat Mahathat），参观这座公园内最重要的皇家寺院；席中寺（Wat Sri Chum）"微笑的佛陀"，则是素可泰的象征；沙潘辛寺（Wat Saphan Hin），位于高200米左右的丘陵上，人烟较为稀少，一定要团体行动，不要单独前往。一天下来也走累了，步行到附近的**旧城区夜市**（见P134）补充体力，一定要尝尝酸肉糯米球、烤鸡和香蕉蛋饼，再配上一杯冰凉的泰式奶茶，好好慰劳一下自己。

DAY 4
- 搭嘟嘟车或巴士前往席撒查那来遗址公园
- 搭计程车前往机场

最后一天，继续前往位于永河沿岸的**席撒查那来遗址公园**（见P132）参观。这里与素可泰遗址公园同为联合国教科文组织列入世界遗产。园内有多达215处以上的遗址，搭车或骑摩托车参观会比较方便与安全。可挑选主要景点参观，包括杰地确涛寺（Wat Chedi Chet Thaeo）、昌隆寺（Wat Chang Lom）、拷攀帕侬坡陵寺（Wat Khao Phanom Phloeng）和拷苏婉揆寺（Wat Khao Suwan Khiri）。结束这伟大的遗址之旅后，就搭上计程车直奔机场吧！

本行程预算

交通费	฿6000
住宿费	฿6000
饮食费	฿3000
门票费	฿2000
购物费	฿500~1000
总计	฿17 500~18 000

行程 9　芭堤雅 4 日游

旅游焦点 >> 芭堤雅海洋乐园、格兰岛、四方水上市场、芭堤雅文化主题乐园、真理寺、信不信由你博物馆、迷你雕刻艺术博物馆

位于曼谷南方的芭堤雅（Pattaya），是欧美游客心中最具代表性的泰国度假胜地。这里同样拥有世界知名的五星级度假村、平价旅馆、民宿及多姿多彩的夜生活。

■ 4日行程怎么玩

DAY 1
- 从曼谷搭巴士或专车抵达芭堤雅
- 搭乘计程车或双条车至饭店及度假村

抵达芭堤雅之后，驱车前往芭堤雅公园饭店，里面的芭堤雅公园塔（Pattaya Park Tower）是当地著名的瞭望台，可看见中天海滩，美景一览无遗。如果胆子够大，再尝试一下这里最有名气的高塔跳跃（Tower Jump）、速度穿梭（Speed Shuttle）或天空穿梭（Sky Shuttle），直接从离地170米高的塔顶，一口气滑到地面，超级刺激！接着前往芭堤雅海洋乐园（Underwater World），欣赏美丽的海底景象，还有真人喂鱼秀，可以近距离观赏到海洋生物的动态。

Chapter 4 达人行程篇

DAY 2
● 搭乘渡船来回格兰岛（Ko Lan）

第二天参加当地旅行社的行程，安排一整天的离岛之旅。从芭堤雅出发前往格兰岛，若搭乘快艇或渡轮，所需时间为 30~60 分钟不等。格兰岛的特色是拥有白净的沙滩，海水极为清澈，可以玩所有的水上活动，如，水上摩托、冲浪、浮潜、拖曳伞等，但别忘了注意安全。此外，这里也有许多餐厅和咖啡厅，玩累了也有地方让游客好好休息。

DAY 3
● 搭双条车或包车前往四方水上市场（Pattaya Floating Market）
● 搭双条车或包车前往芭堤雅文化主题乐园（Alangkan）

早上前往距离芭堤雅市中心约 15 分钟车程的**四方水上市场**。整个市场分别呈现泰国北部、东北部、中部、南部的传统屋舍建筑，船只在宽广的人工河道上来来往往，贩卖泰国各地的名产及美食，可在这里享用午餐。下午接着来到占地 70 公顷的**芭堤雅文化主题乐园**（见 P124），先到超大型的豪华剧院观赏镭射声光秀、烟火、民俗技艺等精彩表演，之后在园区内的湖泊散散步，晚餐则在园区内的餐厅享用丰富的美食。

DAY 4
● 搭双条车或包车前往真理寺（Sanctuary of Truth）
● 搭双条车或包车前往信不信由你乐园（Ripley's Believe it or not）
● 搭双条车前往迷你雕刻艺术博物馆（Bottle Art Museum）
● 搭专车或巴士返回曼谷

把市区行程放到时间较短的第 4 天，上午往北走，参观整栋以柚木建造的**真理寺**（见 P123）。这座寺庙被公认为是泰国最佳建筑代表作之一。寺内有工匠现场示范木雕技艺，甚至还有海豚表演、搭马车游览等活动，十分特别。中午驱车往市区的 Royal Garden Plaza Pattaya 购物中心用餐。午餐后除逛街、购物、喝咖啡外，还可直接到购物中心里的**"信不信由你乐园"**（见 P124）玩一趟，乐园内有许多令人惊奇且不可思议的展出。最后到附近的**迷你雕刻艺术博物馆**（见 P124），欣赏由荷兰人创立，收藏超过 300 件的迷你雕刻玻璃瓶。瓶内的雕刻精细，且惟妙惟肖，让人忍不住竖起大拇指称赞。

本行程预算
交通费	฿ 3000
住宿费	฿ 7500
饮食费	฿ 3000
门票	฿ 2000
杂费	฿ 1000
购物费	฿ 3000
总计	**฿ 19 500**

行程 10 苏梅岛 4 日游

旅游焦点 >> 拉迈海滩、阿公阿妈石、帕安岛、南缘岛、龟岛

梅岛近年来积极开发旅游设施，除机场外，国际五星级度假村也相继进驻。这里拥有美丽的海岸线及自然景色，夜晚摇身一变充满活力，难怪成为背包客最爱的旅游天堂。

■ 4 日行程怎么玩

DAY 1

- 搭飞机抵达苏梅岛
- 搭乘计程车或双条车抵达拉迈海滩（Lamai Beach）

下飞机后前往饭店，就可以带着愉悦的心情奔向碧海蓝天的白色沙滩。**拉迈海滩**（见 P148）是苏梅岛上第二热闹的海滩，规模较小，所以多了一份宁静与原始之美。这里的海水非常清澈，很适合游泳，还可到附近海域潜水看珊瑚礁。或一路向南走，到著名的**阿公阿妈石**（见 P148）拍照留念。玩水玩累了，再上岸到海滩附近的两家露天市场逛逛。

Chapter 4 达人行程篇

DAY 2
- 搭乘渡轮或快艇前往帕安岛（Koh Pha Ngan）
- 夜宿帕安岛

前往苏梅岛北方，以"满月派对"（Full Moon Party）而闻名的**帕安岛**（见P147）。抵达后先到哈林沙滩逛逛，这里是知名的日出海滩，同时也是举办满月派对的主要海滩。在这里欣赏纯净无污染的夕阳美景，非常浪漫。晚餐之后，绝对不可错过知名的"满月派对"。这是与伊比萨岛（Ibiza）和印度的果阿海滩（Goa）齐名的世界三大电音朝圣地之一。每月举办一次的满月派对，总是挤满来自世界各地喜欢电音派对的游客。这一天，岛上每家夜店都免费入场，只要点几杯饮料，就可以一家一家地接着续派，极为热闹疯狂。

DAY 3
- 搭乘渡轮或快艇前往南缘岛（Koh Nang Yuan）
- 夜宿南缘岛

第三天再搭船来到一座有如世外桃源的小岛**南缘岛**（见P147）。这座岛由3个小岛组成，岛与岛之间有浅浅的沙滩连接。虽然岛上只有一家度假饭店、一家餐厅、一家潜水中心，不过非常适合在拥挤热闹的海滩派对之后，到这里来享受无人打扰的闲静。上午可在风平浪静且洁净无比的海域浮潜、观看海里缤纷的热带鱼，午餐过后可在海滩做日光浴，或是登上岛的制高点，眺望连天海景。由于政府极力保护这座岛及海域，切记不可携带塑胶制品如饮料瓶等，而让这片纯净的海洋受到污染。

DAY 4
- 搭乘渡轮或快艇前往龟岛（Koh Tao）
- 搭乘渡轮或快艇回到苏梅岛

离开南缘岛后，前往仅需10分钟船程的**龟岛**（见P147）。这座岛屿同南缘岛一样，保持着天然纯净的海岛原味；美丽的珊瑚交集各种海洋生物，让这里成为潜水客的最爱。岛上的一条小街上，几家餐厅及咖啡厅鳞次栉比，看起来虽然密集，却仍有着淳朴而粗犷的海岛风情。觉得晒多了太阳时，可以选一家餐厅吃个午餐，悠闲地喝杯下午茶，再收拾起行囊，结束这趟南海乐园之旅。

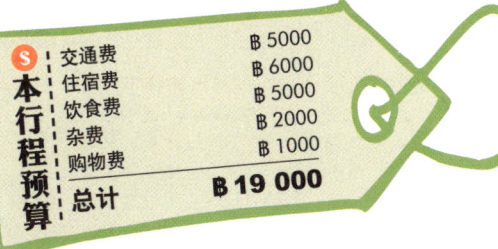

本行程预算	
交通费	฿ 5000
住宿费	฿ 6000
饮食费	฿ 5000
杂费	฿ 2000
购物费	฿ 1000
总计	฿ 19 000

行程 11 普吉岛 4 日游

旅游焦点 >> 巴东海滩、巴东夜市、喀伦海滩、普吉市区、查侬寺

有"安达曼海上的珍珠"之称的普吉岛（Phuket），可说是第一次到泰南旅游的首选岛屿。岛上的旅游活动极为发达，顶级的度假饭店林立，各式海上游乐、丰富的夜生活，绝对不辜负你对度假天堂的期望。

3 日行程怎么玩

DAY 1

- 搭飞机抵达普吉国际机场
- 搭乘计程车抵饭店或度假村

首日来到普吉岛最大的**巴东海滩**（见 P151），绵延 4 公里的沙滩，沙子细软，海水也极为清澈，非常适合漫步踏浪。饿了或渴了，就到沙滩边的小型酒吧、小吃及烧烤摊解解馋；想来点刺激的，岸边就有水上摩托、橡皮艇、拖曳伞、香蕉船等各种活动设施；喜欢晒太阳的朋友，也可租个躺椅享受日光浴；沙滩上的泰式按摩，让人舒服又放松。太阳下山后可以到**巴东夜市**（见 P151）尽情地吃喝玩乐，除商场、饰品店、餐厅、咖啡厅外，更有 PUB、酒吧在此为游客提供享乐服务，无疑是普吉夜生活的最热闹之处。

图片提供／泰国观光局

Chapter 4 达人行程篇

DAY 2
- 搭乘计程车或嘟嘟车前往 Sukko SPA
- 搭乘计程车或嘟嘟车前往 Thaweewong Road

Sukko SPA 占地面积极广，其特色是融入泰国文化，除通过 SPA 疗程消除身体上的疲劳外，还能洗涤心灵，让身心彻底休息。这里有三种不同类型的房间，依照客人不同的需求分类，其中以加入泰丝成分的疗程最有名。空间使用泰国柚木打造而成，极具特色。结束疗程后，可到热闹的 Thaweewong Road 逛逛，到处都是餐厅、咖啡厅、按摩店、商店，晚上则摇身一变为热闹的夜市，可以到这里买些T恤、泳装和泰式手工艺品当作纪念品。

DAY 3
- 搭计程车或嘟嘟车前往喀伦海滩（Karon Beach）
- 搭计程车或嘟嘟车前往 Jungceylon 购物中心

喀伦海滩是仅次于巴东海滩的最受欢迎的沙滩，同样可以体验热门的水上活动，但和巴东海滩比起来，这里的水质更为清透纯净。傍晚时分前往喀伦海滩欣赏普吉岛最为知名的夕阳，然后再到普吉岛最大的购物中心 Jungceylon、Robison、Big C Extra 逛街购物，里面有许多餐厅可供选择。晚餐后在露天酒吧喝喝饮料，边听 Live Band 演唱，尽享地道的南国风情。

DAY 4
- 搭计程车或嘟嘟车前往普吉市区
- 搭计程车或嘟嘟车前往查侬寺（Wat Chalong）
- 搭计程车前往机场

离开普吉岛之前，一定要到**普吉市区**（见 P150）尝尝普吉美食。普吉一般所吃的早餐"Mi Sua"，还有不可错过的福建炒面、Kanom Chin Phuket、Lo Ba 等，只有在这里能一次吃足。亨用美食后别忘了到处逛逛，特别是古建筑区，得多拍几张照片留念。结束市区巡礼后，再前往普吉最具规模的**查侬寺**（见 P151）。查侬寺由多栋寺庙与建筑组合而成，大量使用黄金打造或镀上金箔，在阳光照射下闪闪发光，华丽无比。这里同时也是普吉岛游客最多的寺庙，香火非常鼎盛。

本行程预算	
交通费	฿ 4000
住宿费	฿ 9000
饮食费	฿ 2000
杂费	฿ 2000
购物费	฿ 5000
总计	฿ 22 000

曼谷 Bangkok ······ 102
•暹罗　•席隆　•苏坤蔚　•大皇宫、中国城

曼谷周边 Bangkok Suburb ······ 115
•曼谷郊区　•大城　•华欣　•芭堤雅

清迈 Chiang Mai ······ 125
•清迈市区　•清迈郊区

泰北 Northern Thailand ······ 131
•素可泰　•湄宏顺　•清莱　•南邦　•雷府　•清康

泰南・岛屿 Southern Thailand・Island ······ 144
•洛坤　•苏梅岛　•普吉岛

符号代表信息
交交通方式　网相关网址　时营业时间　票参观门票　费费用　地地点位置　址详细地址　电相关电话　注备注事项

Chapter 5
分区导览篇

曼谷 主要景点

亚洲时尚旅游新都
Bangkok

近几年来，曼谷这个向来以传统风情著称的亚洲城市，不但积极发展美学艺术，而且许多优秀的泰国设计师作品，也已在国际间崭露头角，自创品牌，更因许多大型购物商场、时尚名店、精品旅馆及风格餐厅的开幕，让游客不再只有古刹、寺庙可看，"时尚旅游"已成为曼谷的观光趋势。

Chapter 5 分区导览篇

繁华时尚的曼谷市中心
暹罗 Siam

暹罗高档购物中心林立,是青少年流行文化的指标区,流行服饰店、新颖时髦的餐厅中夹杂着便宜的饮料铺、烧烤摊、杂志摊、唱片行等。隔着马路的百货公司Siam Paragon、Siam Discovery Center,则拥有辽阔的广场、昂贵的精品服饰,同时广纳各家美食、SPA,并以空中走廊串联不同的大型卖场与地铁出口。而除了大型百货商场与购物中心之外,也有不少五星级饭店,高档但价格不是很贵,值得前来入住,享受贵族般的待遇。

Central World

曼谷最重要的市中心地标,也是游客到曼谷绝对不能错过的购物中心之一,拥有超过500家商店和100家餐厅。来到这里的游客,即便玩上一整天也还无法逛遍。许多泰国设计师品牌也是这里的一大特色,如:Disaya、Munchu's、Senada、Jogema、Missile、Kloset和Singha Life,还有4x4 Man,都是不可错过的特别品牌。国际品牌更是精彩,如Cath Kidston、CK Jeans、Zara、Bershka、Stradivarius,以及全东南亚最大的"XXI Forever"都在里面。是不是让人想要马上飞来这里好好血拼啊?

DATA   MAP ▶ P103-B1
交 搭乘BTS至Siam站,步行约1分钟,出站后有通道直达 地 999/9 Rama 1 Road, Patumwan
电 0-2635-1111 时 10:00~21:00 网 http://www.centralworld.co.th

103

百丽宫 Siam Paragon

斥资150亿泰铢建立的豪华百货卖场，占地50万平方米，囊括250家各国精品店铺、美食餐厅、电影院，甚至名车的展示空间，要逛完整个卖场可能要花一天以上的时间。因卖场太过辽阔，所以设有室内接驳车。游客可搭乘接驳车前往想到达的专柜。2楼与BTS捷运站相连接，提供了相当便捷的交通方式，还有地下楼层挑高的美食大街，各国美食、点心提供游客小歇的好地点。另外更有水族馆、电影院、高级会议厅，常配合不同主题，举办各式各样的展览活动与特卖。Siam Paragon不仅是提供购物娱乐，更是曼谷市中心最适合阖家休闲的好去处。

DATA MAP ▶ P103-A1
交 搭乘BTS至暹罗站，步行约1分钟，出站后有通道直达 址 991 Rama 1 Road, Pathumwan.co.th 电 0-2690-1000 时 10:00~22:00（G楼部分餐厅营业到23:00） 网 http://www.siamparagon.co.th

ZEN

走进ZEN精品百货，仔细听耳边传来的音乐，相信就会知道为什么这里像夜店，因为在服务中心的柜台，可以看见专属的DJ在此播放时尚音乐，当然这些音乐都只属于ZEN，自然有其独特性！有许多品牌商品，只在ZEN推出独家产品贩售，尤其有许多泰国设计师品牌，在此陈列得相当完整，从饰品到衣服应有尽有，受到游客的广泛欢迎。而17楼的"ZENSE Gourmet Deck & Lounge"，则是一家可以饱览曼谷美景的景观餐厅；这里提供不同国家的主题佳肴，包括泰国、意大利、日本、印度和无国籍料理，若不用餐，来这里喝杯饮料、拍拍照、看看夜景，也能度过一个迷人的曼谷夜晚。

DATA MAP ▶ P103-B1
ZEN
址 999/9 Rama 1 Road, Pathumwan
电 0-2100-9999 时 10:00~22:00
网 http://www.zen.co.th

ZENSE
电 0-2100-9898 时 17:00~01:00
网 http://www.zensebangkok.com

Big C

Big C是泰国最知名的本土连锁量贩店，在Central World对面的这一家，是交通最为便捷、最容易到达的分店。它不仅是量贩店，更是一家多元化的复合式商场。2011年重新整修开幕之后，变得更加明亮，进驻了更多类型的商店，而游客必买的香蕉口味Pocky、小老板海苔、泰国泡面、大哥花生豆等商品，在这里都有相当便宜的量贩价格，所以想要买伴手礼，一定得来一趟，而且这里杜绝仿冒品，保证东西绝对货真价实！

DATA MAP ▶ P103-B1
交 搭乘BTS至奇隆站，出站后沿着天桥步行5~7分钟 址 97/11 Rajdamri Rd. Lumpini, Pathumwan 电 0-2250-4888 时 10:00~23:00 网 http://www.bigc.co.th/en

Chapter 5 分区导览篇

暹罗广场 Siam Square

暹罗是青少年流行文化的指标地区，包括造型光怪陆离的流行服饰及商品、新颖时髦的餐厅，中间还夹杂着便宜的饮料铺、杂志摊、烧烤摊、唱片行，充满着不同年代的青春记忆。而隔着一条马路的 Siam Paragon，则呈现出截然不同的风貌，簇新的建筑、辽阔的广场，昂贵的精品服饰，并以空中走廊串联不同的大型卖场与捷运出口，俨然是一个新世纪的消费天堂，让人看见曼谷青春活力的一面。

DATA MAP ▶ P103-A1
交 BTS 暹罗站下车，步行约 1 分钟 地 百丽宫 Siam Paragon 对面

四面佛 Erawan Shrine

四面佛位于君悦饭店外的一隅，是曼谷最有人气的景点。因为这里供奉了一尊爱乐威四面佛，使得这里每时每刻人潮汹涌，鲜花味、线香味弥漫。1956 年原名 Erawan Hotel 的 Grand Hyatt Erawan 在建盖时，风水专家认为奠基日期不妥，建议盖一座爱乐威四面佛庙来镇住煞气，于是当年便在此兴建了一尊贴着金箔的爱乐威四面佛，自此香火不断。据说只要向四面佛祈求，任何心愿都会实现，但是务必遵守还愿的诺言。从入口开始顺时针方向祭拜，正对入口第一面为事业，接下来依序为爱情、财运、健康，若特别想祈求什么运，便可在该面许愿。切记，还愿时一定要亲自或请朋友代表到这里来，以感谢四面佛的帮忙。

DATA MAP ▶ P103-B2
交 奇隆站 2 号出口，出站后直行 10 米即抵 地 494 Phloenchit Road

金汤普森之家
Jim Thompson's House

泰丝大王金汤普逊自美军退役后，来到曼谷定居，因缘际会下发现泰丝之美，此后致力于提升泰丝品质，并将它推向世界舞台。现在泰国的高级泰丝品牌"Jim Thompson"就是以他的名字命名的。金汤普逊的旧邸坐落于深巷尽头一片建筑群中，现在开放为博物馆，展出他生前的众多收藏品，包括亚洲各地的艺术品及许多令人惊叹的古董器物。博物馆共有 6 栋传统泰式建筑，全以柚木建造，外形为尖顶泰国寺庙，同时兼容中式、印度式的建筑风格；墙壁微向中央倾斜，呈现优雅的视觉效果，庭内植满绿林，散发出优深雅逸之趣。馆中设有咖啡厅及泰丝专卖店，并供应精致的泰式料理，由于内部陈设与食物都具水准，深受观光客与当地时尚界人士的喜爱。入馆参观一定要跟随导览，时间约 35 分钟，目前只有英、日、法、泰四种语言介绍。

DATA MAP ▶ P103-A1
交 National Stadium 站 2 号出口，出站后右转，直行 100 米即抵 地 6 Soi Kasemsan 2, Rama 1 Road 电 0-2216-7368 时 09:00～17:00 票 成人票 100 泰铢，学生票 50 泰铢 网 http://www.jimthompsonhouse.com

夜晚灿烂无比
席隆 Silom

席隆指席隆路（Silom Rd.）及苏拉汪路（Surawong Rd.）间的区域，是曼谷最重要的商业金融区和夜生活区域，其中帕蓬夜市（Patpong Night Market）以仿冒品及情色酒吧闻名，中间穿插着无数的流动摊贩。这边也聚集了许多高档的五星级饭店，例如悦榕庄、素可泰饭店，邻近昭披耶河的景观饭店如半岛酒店及东方文华等，更是欣赏夜景不可错过的景点，就算不在此住宿，饭店的高空餐厅也提供了俯瞰曼谷的美好所在。

席隆地图

帕蓬夜市 Patpong Night Market

帕蓬夜市是曼谷重要的景点，贩卖的物品以仿冒品、盗版品为主，也有无数的家庭摆饰品、皮件、手工艺品。千万记住一定要杀价，杀价要有技巧，售价直接打三折开始杀起，若卖方不满意，记得转身就走，他想卖给你就会叫住你。切记，要买再杀，不买就不要乱出价！街道两边都是酒吧，可以饮酒看钢管舞秀。男士要小心，酒吧里很多辣妹会前来搭讪，小心不要被"洗劫"了。

DATA MAP ▶ P106-A1
交 从BTS沙拉当站1号出口出来，往前沿席隆路直走约100公尺，到帕蓬街口 时 07:00 至午夜

Chapter 5 分区导览篇

BODY Tune

　　在曼谷有两家分店的BODY Tune，席隆分店，位于沙拉当3号出口旁，外观装潢相当普通，不过凭着地理之便且平价又专业的按摩技术，热门到必须事先预约，否则需要在现场等候40~60分钟。这里内部环境相当宁静、干净，价格平实，标榜正统的泰式按摩手法由按压穴道，舒缓酸痛的肌肉，并释放肌肉里的能量，成为观光客血拼购物后的放松所在。

DATA　　　　　　　　　　　　　　　　　MAP▶P106-A1
交 搭乘BTS至沙拉当站3号出口即抵　址 56 Yada Bldg., 2nd Flr., Silom Rd.　电 0-2238-4377　时 10:00~24:00　网 http://www.bodytune.co.th/

Boots

　　来自英国的药妆店Boots，一直深受游客喜爱，也是要购买各式维生素、保养品的人必到之处。Boots在泰国更有本地限定的保养品，吸引许多外国游客特地前来选购。如果在曼谷突然发觉身体不适，这里也有24小时会说英文的药师可以帮忙，所以对来曼谷的游客而言，Boots是个很重要的据点。

DATA　　　　　　　　　　　　　　　　　MAP▶P106-A1
交 BTS沙拉当3号出口旁　址 Patpong 1, Silom Road　电 0-2233-0571　时 24小时营业

蓝象厨艺学院 Blue Elephant Restaurant

　　喜欢泰国料理的人，对于"蓝象"这两个字绝对不陌生。位于曼谷BTS苏叻沙克站旁的"蓝象厨艺学院"，是一栋于1903年用柚木打造的百年建筑，1、2楼是餐厅、酒吧，也贩售相关产品；3楼则开设了厨艺教室，提供各种泰式料理的烹饪课程。厨师们会带领学员前往传统市场挑选新鲜食材，至3楼设备齐全的厨房展开料理课程教学。学员可以自由选择半天、一天、五天或是私人主厨教学等客制化课程。想报名的游客可通过代理旅行社安排，或上网预约。

DATA　　　　　　　　　　　　　　　　　MAP▶P106-A2
交 搭乘BTS至苏叻沙克站下车即可抵达　电 0-2673-9353
址 233 South Sathorn Road, Kwaeng Yannawa, Khet Sathorn
网 http://www.blueelephant.com/bangkok/

伦披尼泰拳场
Lumpinee Boxing Stadium

　　泰拳是泰国古老的国技，原本是用来训练古代士兵的战技，后来变成让泰王欣赏的比赛，而今已成为泰国人最风靡的运动之一。每到年度拳王赛季，家家户户都会为自己支持的拳手加油。泰拳比赛前，拳手所跳的战舞，会依据师承门派的不同而有所差异。若想体验一下贴身肉搏的刺激感，泰拳绝对是不可错过的选择。

DATA　　　　　　　　　　　　　　　　　MAP▶P106-B2
交 MRT伦披尼站1号出口出站后，斜对面圆形建筑即抵　址 Rama 4 Road　电 0-2251-4303　时 18:00~24:00
网 http://www.muaythailumpini.com/

时尚创意大荟萃
苏坤蔚 Sukhumvit

苏坤蔚也是曼谷观光游玩必到的重要区域，有的是好吃的餐厅、时尚的旅店，还有幽静平价的SPA按摩店。在BTS那那站附近，多家夜店聚集，是曼谷夜间不可错过的好去处。而苏坤蔚Thong Lo街原本只是住宅区，是欧美人与日本人最喜欢居住的地区，所以产生了许多高档餐厅、酒吧、咖啡厅，也是曼谷著名的婚纱街与创意流行商圈，又因为房租便宜，吸引了不少新锐设计师在此开店，巴洛克雕刻、大型喷泉、粉嫩的色彩、白色遮阳伞、露天咖啡座，洋味气氛十足。

Asia Herb Association

Asia Herb Association 在曼谷有许多分店，装潢设施高雅舒适，服务细腻，深受日本、新加坡和中国消费者喜爱。除提供传统按摩、精油按摩服务外，更自行生产天然有机香氛产品。其中最受欢迎的是独家制作的"草药包"（Herbal Ball），是采用在泰国超过400年历史的精华配方制成。建议按摩后，可增加草药包的疗程，芳疗师会以蒸热的草药包轻轻按摩穴道，让草药的功能进入身体，非常舒服。

DATA MAP ▶ P108·A2
搭乘BTS至澎蓬站2号出口，步行约5分钟即抵 20/1, Sukhumvit Rd., Soi24
0-2261-7401~3 09:00~02:00
http://www.asiaherbassociation.com

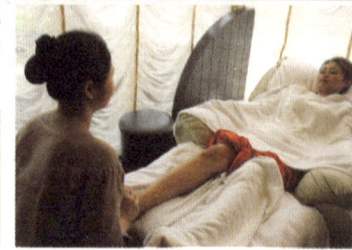
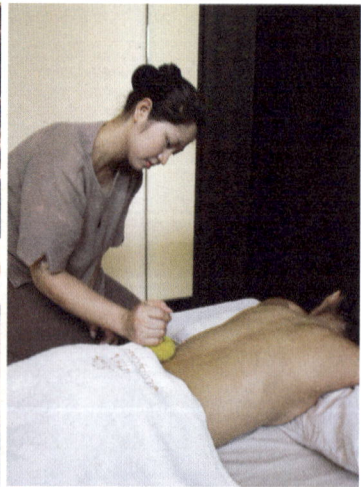

Chapter 5 分区导览篇

东罗 55 巷 Thong Lor

苏坤蔚路上的 55 巷,又称东罗巷 (Thong Lor),泰文意为"黄金巷",位于捷运 BTS 东罗站出口。这里是许多欧美居民最喜居住的路段之一。高级餐厅、酒吧、PUB、咖啡厅林立,也是曼谷著名的婚纱街和时尚创意流行商圈。这里没有曼谷市区常见的拥塞感,许多极富个性的餐厅及独具特色的 SPA,都幽然隐藏于小巷弄间。像东罗 15 弄,街上的绿荫、喷泉和高雅的咖啡厅,有如迷你版的表参道;Penny's Balcony 则是一处庭园式的小商城,各式商店排例如住家公寓,散发出轻松自在的气息;曼谷名人最爱的 SPA De Bangkok 隐密又典雅;位于巷底的 H1 Mall 是此区的设计元老,展示有许多设计家具商品,喜爱泰国设计的游客可别过门不入哦!

DATA MAP ▶ P108-B2
交 BTS 东罗站 3 号出口左转,直行即抵
址 Sukhumvit Rd., Soi 55 (Thong Lo)

东罗夜店区

此区是 Thong Lo 10 巷内,由 MUSE、FUNKY VILLA,及 DEMO 三家夜店共同组成的新兴夜店区。东罗是曼谷的高级住宅区之一,因此客群都是中产阶级。MUSE 的户外区位于顶楼户外,还有一家 LONGE BAR,在楼下跳舞跳得汗流浃背时,来到慵懒舒适的顶楼吹吹风,享受一下有别于以往的夜店生活。

DATA MAP ▶ P108-B2
交 搭捷运 BTS 至东罗站,再转搭计程车前往 址 Sukhumvit Rd., Soi 55 Thong Lo Soi 10 时 20:30~02:00

RCA 夜店区

曼谷这几年来最精彩的时尚夜店就是 RCA 区。它是区域的地名,而不单是一家夜店的名字。此区夜店,每家都有一个户外座位区,即使不在店里也可听到舞台区播放的音乐;大多数店家不收入场费,因此可以先去看看喜欢哪一家的气氛。曼谷严禁在室内吸烟,因此连夜店也不会有恼人的烟味。本区附近没有捷运站,但曼谷所有的计程车司机都知道这个区域,因此只要跟司机说 RCA 就可到达,不过要特别注意,曼谷的夜店法定营业时间只到凌晨 2:00,此时计程车会不愿意跳表,记得要先跟司机谈好价格再上车。

DATA MAP ▶ P108-B1
交 搭捷运 MRT 至帕蓝 9 站 (Phra Ram9),再转搭计程车前往
址 60 New Rachadapisek Road, Klongtoey 电 0-2229-3000
时 20:30~02:00

苏坤蔚路 24 巷

苏坤蔚路 24 巷邻近捷运 BTS 的澎蓬站（Phrom Phong），有知名的贵妇百货 Emporium。其后有一连串的高档饭店。这条巷弄主打的是高消费的日本客层，使 24 巷俨然成为中产阶级最喜爱的场所；入夜之后巷口的小贩，则将此处点缀成不夜城。附近的几条巷弄各成一个独特的商圈，但巷弄却不一定相通，因此自助游客常在曲折的巷弄间迷路，不过往往也因此发现许多别具特色的店家。24 巷中藏着不少品质优良的 SPA 按摩店；22 巷中有不少价格与品质俱优的饭店；越过苏坤蔚路对街的 39 巷中，则有许多令人惊艳的创意餐厅。有机会可以到这个区域来场小探险，发掘这些巷弄中令人意想不到的惊喜。

DATA   MAP▶P108-A2
交 搭乘 BTS 至澎蓬站 2 号出口，步行约 5 分钟即抵
址 Sukhumvit Rd., Soi 24

泰国创意设计中心 TCDC

这个由泰国政府所成立的设计中心，主要是为了让更多有才华的人展现自己的创意。展场位于 Emporium 百货公司六楼，共分六大区域，其中两个区域会不定期展出不同的主题，同时还提供设计师与艺术家展示创作理念的空间，若对他们的作品有兴趣，可以现场索取每位创作者的名片。特别的是，这里并不限制摄影，参观者可以把喜欢的作品拍摄下来。入门的购物区则有不少量产的设计商品。门口右边的两个区域为特色餐厅与视听图书室。视听图书室中有许多设计艺术类书籍，种类琳琅满目。累了，就在视听室里喝杯咖啡，或到餐厅享用美味大餐。旅客进入图书馆须拿护照换临时会员卡，若要前往别忘了带上护照。

DATA   MAP▶P108-A2
交 搭乘 BTS 至澎蓬站 2 号出口，步行约 5 分钟即抵　址 6th Fl. The Emporium Shopping Complex 622 Sukhumvit Rd., Soi 24　电 0-2664-8448　网 http://www.tcdc.or.th

暹罗梦幻剧场 Siam Niramit

Siam Niramit 像是一座大型文化城，里面有餐厅、民俗村及剧场。剧院内有 2000 个座位，号称全世界最大的剧场，采用最先进的声光效果与舞台特效，演出的暹罗东方国王秀，动用 150 名演员，超过 500 套戏服，极力呈现华丽梦幻的泰国历史、民俗与神话。梦幻剧分成三大部分，泰国历史、神话与节庆，最有趣的神话部分，可以看到男女神祇在半空中飞舞的表演。剧场外面还有一个仿泰国传统部落的民俗村，包括民居建筑、传统服饰及工艺，让民众在等待开演前，对泰国有多一点的认识。建议可到考山路的当地旅行社询问票价，会有意外惊喜！

DATA   MAP▶P108-A1
交 泰国文化中心站 1 号出口出站后直行 10 公尺右转，直行 800 公尺即抵，也可搭乘免费接驳车
址 19 Tiamruammit Rd.　电 0-2649-9222　时 18:00~22:00

Chapter 5 分区导览篇

多彩多姿的文化风情
大皇宫・中国城

曼谷知名的庙宇、宫殿多集中在西部的大皇宫一带，最有名的就是大皇宫里的玉佛寺、大佛塔、节基殿，还有曼谷最大寺庙"卧佛寺"。卧佛寺不仅有大卧佛，还有按摩学院，是观光客必来体验著名泰式按摩的场所。大皇宫与卧佛寺二者皆有昭披耶河游船可至。昭披耶河沿岸都有河港，串联着两岸的景点。中国城则是泰国华裔移民聚集地，在 Yawarat Rd. 与 Charoen Krung Rd.，主要以经营餐厅为主，卖的也大多是中国菜。而此区的考山路，短短 300 米，平价旅馆、咖啡厅、饭馆林立，是曼谷自助旅行者的天堂。

金山寺 Golden Mount

金山寺外观金碧辉煌，坐落在一座人造山上，有 318 级阶梯通达山顶，是最高的佛塔。该寺建于曼谷王朝拉玛一世时期，寺内大殿供奉一尊大坐佛，佛塔内供奉释迦牟尼佛的遗骨舍利，因而成为泰国乃至东南亚的佛教圣地。每逢泰历十二月十五日水灯节，曼谷民众大多喜欢前往金山寺礼佛，参加该寺一年一度的盛会。由于曼谷四周是一片平原，故金山寺成了曼谷最高的寺庙，站在山顶的佛塔上极目远眺，整个曼谷市区一览无遗。

DATA　MAP▶P111-B1
🚢 N13 Phra Arthit 站下船，穿越考山路，抵达民主纪念碑后，向南边走约 200 米，或直接搭乘 511 或 512 路公车抵达　🏠 Worachak Rd. & Boriphat Rd.　☎ 0-2223-4561　🕐 08:00～17:00　🎫 参拜神殿入场费 10 泰铢

大皇宫 Grand Palace

整个大皇宫域内的建筑超过 100 座,光是环绕大皇宫的城墙就有 1900 米,所有建筑风格都呈现古曼谷的传统风格,面积近 1 平方英里,建筑群包括节基殿(Chakri Mahaprasat)、东殿(Borombhiman Hall)、护国神殿;受欢迎的莫过于曾为皇室御用的玉佛寺,是泰国建筑、绘画、雕饰的经典之作,大雄宝殿内供奉的玉佛,是由一整块翡翠雕刻而成。大雄宝殿外围有 8 个界石,象征进入了佛的领域。除大雄宝殿外,还有回廊、佛塔、藏经阁,许多泰国人常常奉上莲花、燃束香,虔诚地在玉佛前祈祷。

DATA MAP▶P111-A1
交 N9 塔张站下船,出来后直走 100 米即抵 电 0-2224-1833
时 08:30~11:30、13:00~15:30
票 门票 400 泰铢

卧佛寺 Wat Pho

卧佛寺是曼谷最古老,也最宏大的寺庙,里面供奉有全泰国最大的卧佛,并收藏最多佛陀的各种雕塑形貌。卧佛寺分成两部分:一是供奉卧佛的大雄宝殿及收藏佛陀造型的博物馆;卧佛长 46 米、高 15 米,最有趣的是佛陀的眼睛与脚底都镶有珠母贝,脚底还用珠母贝镶了 108 个佛陀,因脚底是最低下的地方,也是精神上最难超脱之处,用以提醒世人要努力修行;二是由 4 座大佛塔与 91 座小佛塔组成的区域,周围还有一些图书馆、按摩学校等小建筑,范围相当宽广。

DATA MAP▶P111-A2
交 N8 塔田站下船,出站后直走 100 米,右转即抵 电 0-2221-9911
时 08:00~17:00 票 门票 100 泰铢

Chapter 5 分区导览篇

郑王庙（黎明寺）Wat Arun

这座寺庙名为"黎明寺"，位于昭披耶河西岸，又称"泰国埃菲尔铁塔"，一般通称"郑王庙"。这是为了纪念泰国民族英雄郑信（塔克辛大帝）。他带领大军击溃入侵的缅甸大军，当他乘船沿着昭披耶河进入曼谷，在黎明时刻抵达这座寺庙时，将其命名为"黎明寺"。拉玛二世与三世分别在寺内建造1座大佛塔与4座小佛塔，4座小佛塔内分别收藏了释迦牟尼出生、悟道、法轮初转与涅槃的形貌。主塔有4条阶梯可以环绕每一层塔体、到达塔顶，不过阶梯十分陡峭，体力不佳的人可能会爬到腿软。

DATA MAP ▶ P111-A2
交 N8 塔田站下船，转搭渡船横跨昭披耶河，下船后左转即抵 电 0-2466-3167 时 08:30～17:30 票 门票 50 泰铢

金佛寺 Wat Traimit

金佛是泰国四大名佛之一，高约3米，以重达5.5吨的纯金打造。中国人习惯将供奉金佛的寺庙，称为"金佛寺"。此寺位于每天都严重塞车的唐人街附近。金佛像整尊是由黄金制成，源于之前的战争时期，泰王怕百姓之财物被抢夺一空，故将百姓的黄金全部收集起来，铸成金佛神像，并以厚泥重重包覆，直到后来搬运时，不小心被撞掉泥块，整尊金佛才出现金身。而发现大佛金身的三人是好朋友，并没有贪财而熔掉大佛，反而集资建庙，因此金佛寺 Wat Traim-it 泰文的意思就是"三个好友的庙"。

DATA MAP ▶ P111-B2
交 搭 BTS 到沙潘塔克辛站或 MRT 到华蓝蓬站，再转乘计程车 址 48 Oriental Avenue 电 0-2659-9000

中国城 China Town

泰国华裔移民多来自福建漳州一带，早期华人集中在耀华乐路（Yawarat Rd.）与查隆恭路（Charoen Krung Rd.），因而延伸为中国城。华人在此主要以经营金店、餐饮为主，有些古色古香的商店还有中文匾额。此地的华人虽然已经移民百年，迄今仍保留华人的习俗，每逢春节依然有舞龙舞狮的庆典活动，并广建中国式的庙宇，设法在每一寸土地上达到最高的经济效益，所以中国城的摊贩与人潮堪称曼谷之最。

DATA   MAP ▶ P111-B2
交 拉查旺站下船后转搭嘟嘟车前往；亦可搭MRT至华蓝蓬火车站再转搭嘟嘟车前往。

考山路 Khao San Rd

考山路是曼谷观光客最密集的地方，也是背包客的最爱。从前这条300米长的巷子只有两家民宿，现在里里外外已经有100多家。民宿房价相当便宜，过去品质参差不齐，目前的新民宿品质逐年提升，若想找到既便宜又干净的民宿，务必事先订房。这里有许多平价餐厅、酒吧、网吧还有干洗店，已自成一个独立商圈，洋溢着慵懒浪漫的度假气氛。

DATA   MAP ▶ P111-A1
交 搭计程车或巴士56、59号，或搭昭披耶河快速游船至N13 Phra Arthit站
地 Khao San Rd. 电 0-2466-3167 网 http://www.khaosanroad.com

曼谷周边 主要景点

人文、生态与水上活动的天堂
Around Bangkok

离开充满新潮与怀旧的曼谷市，距离曼谷稍远的周边郊区，可以见到更多兼具传统与悠闲风情的人文风貌。如，丹能莎朵水上市场（Damnoen Saduak Floating Market），是泰国特别保留的传统水上市集。游客可以搭乘河道客船，感受水上人家生活买卖的热络气氛；也可到拥有15 000个摊位的札都甲周末市集（Chatuchak Weekend Market），它是全世界最大的露天市集，里面贩卖各样泰式商品，无论是找新鲜还是找古董，这里应有尽有。其他如海边城市芭堤雅，也都能看到与曼谷大不相同的城市样貌。

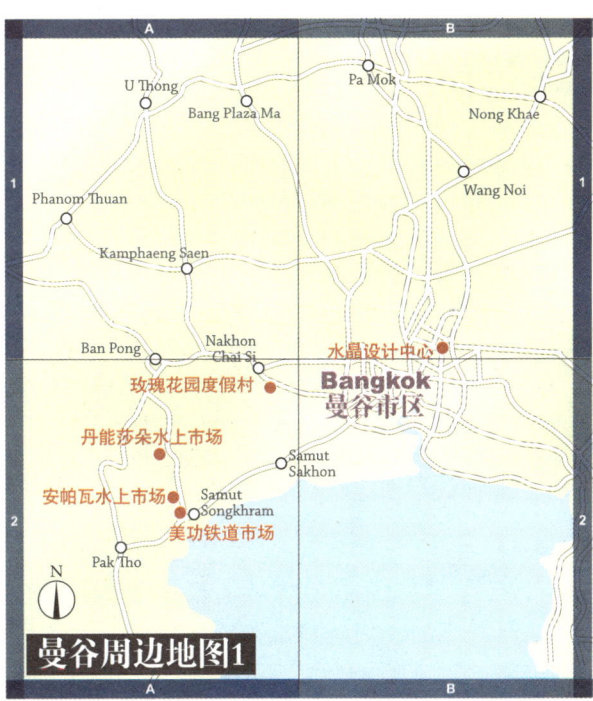

曼谷周边地图1

不容错过的近郊热点

曼谷郊区

Bangkok Suburbs

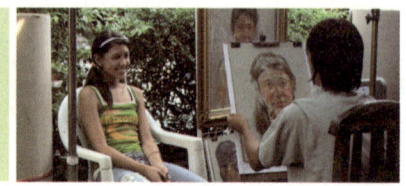

曼谷郊区有许多贩卖各式各样商品的市集及最具特色的水上市场。这些市集可以说是无所不卖，而且物美价廉到让人大呼不可思议，绝对是旅游爱好者、购物一族的天堂。此外，这里也有精彩民俗表演的度假村，即使到了郊区，旅程同样充满乐趣。

玫瑰花园度假村
Rose Garden Riverside Hotel & Resort

玫瑰花园度假村最大的特色，就在于其浓缩了泰国各地的生活风情，并提供住宿、餐饮等服务。到此一游，就宛如一场泰国全览之旅，因此深受国外旅客的青睐。园区内还有一处热带花园，景致宜人。园内的民俗艺术及大象表演最为知名，传统舞蹈表演一天 3 场，分别为上午 11:00、下午 2:00 及 3:00，展现泰国音乐及民族风情。户外的大象表演，不但有推运木头的招数，还有听音乐跳迪斯科的动感演出，模样相当逗趣可爱。

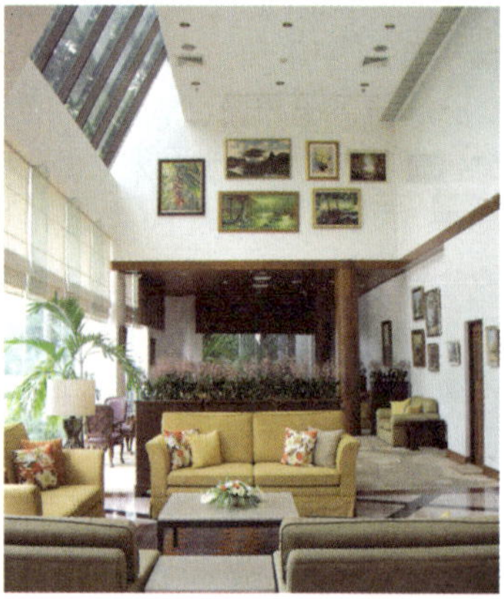

DATA

MAP ▸ P115-A2

交 需搭乘计程车前往 址 Km 32 Pet Kasem Road, Sampran, Nakorn Pathom 电 0-3432-2544
时 08:00~18:00 网 http://www.sampranriverside.com

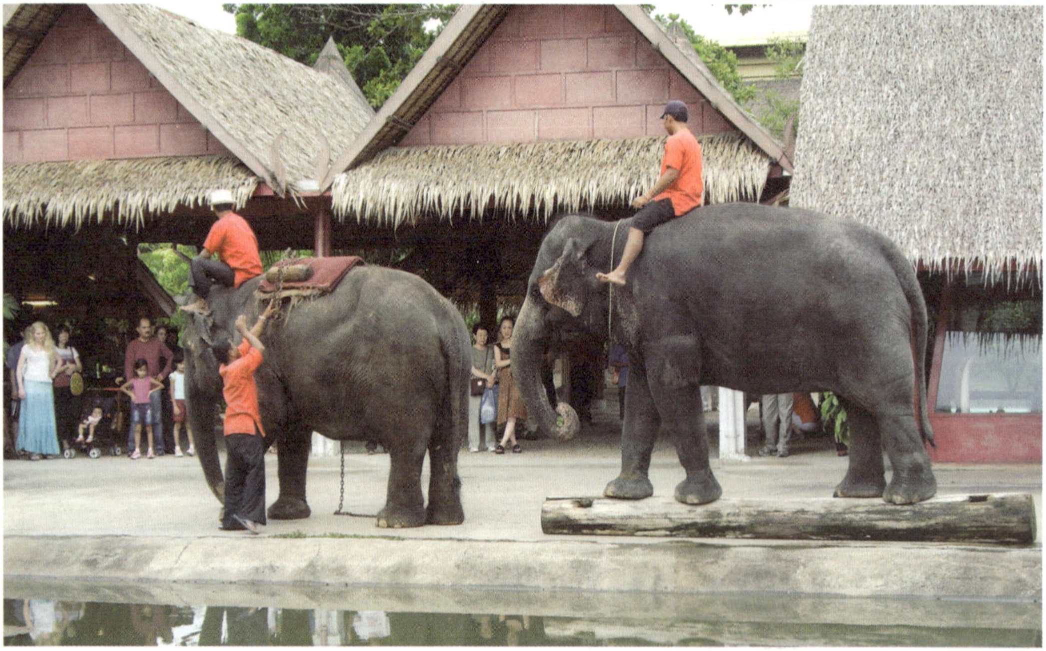

Chapter 5 分区导览篇

丹能莎朵水上市场 Damnoen Saduak Floating Market

丹能莎朵水上市场，距曼谷市中心约2小时车程，只在上午营业，如果想去可得起个大早。这座泰国最原始的水上市场，全长35公里，至今仍保有淳朴的传统风貌。运河上的船阵里有许多戴着斗笠的妇女，划着满载水果、蔬菜的小舟；也有搭载农产品、手工艺品或供应现做奶油松饼、米粉汤的舢板船。若想在这里吃东西，建议还是尽量选择水果，除了卫生考量，这里的水果种类多，价格也便宜，可以趁机多尝尝。河道两旁也可步行游览。

DATA　MAP▶P115-A2
交 搭乘BTS在胜利纪念碑站高架桥下，进巴士站买票前往或包车前往，车程约2小时

札都甲周末市集
Chatuchak Weekend Market

札都甲周末市集，又称跳蚤市场，总面积约15公顷，约有10个足球场大，划分为27个购物区，摊位超过15 000个，目前已名列金氏世界纪录中最大的跳蚤市场。市场内贩卖的物品，从服饰、古董工艺品、大型家具、宠物到私人直升机、宾士车等应有尽有，商品物美价廉的程度让人大呼不可思议，是血拼一族的购物天堂！但札都甲占地辽阔，想在一天内逛完是不可能的任务，建议先搭乘跳蚤市场的免费游园车，大致了解路线，再前往旅客服务中心索取中文索引、查看地图指标，依指示前往想去的区域。市场内也有许多餐厅和咖啡厅，提供相当地道的泰国料理，逛累了就先吃喝一顿，补充体力后再逛！

DATA
交 搭MRT至札都甲公园站或甘帕安碧站出站后，循指标步行可抵；或搭BTS线至蒙奇站下车，步行可抵　电 0-2272-4440~1　每周六、日09:00~18:00

美功铁道市场
Maeklong Market

美功铁道市场，位于安帕瓦市郊的美功车站附近，距离曼谷约 70~80 公里。窄小的铁道两侧绵延 400~500 米的摊贩。这里原本只是一个当地居民日常生活的传统菜市场，但自从泰国政府兴建了一条铁路穿过市集之后，让这个市场起了巨大的变化，因为土地征收问题，形成铁道与市场共用的局面。小贩将商品摆设在铁轨上叫卖，当火车即将经过，便十分熟练地将棚架往内缩、商品往内推，列车通过后再恢复原状继续叫卖，仿佛刚才的火车未曾经过一般，因此吸引了不少游客特地前来这边"等"火车。

DATA　MAP ▶ P115-A2
交 搭乘 BTS 至胜利纪念碑站，转搭小巴士 (MINI VAN) 或包车前往，车程约 1.5 小时　费 小巴士每人 70 泰铢，包车约 1000~1500 泰铢

安帕瓦水上市场 Amphawa Floating Market

泰国河道四通八达，以往水上市场为最重要的交易场所，而今日大多数的水上市场，大多被交通便利的陆地市集所取代，但仍有少部分发展为观光景点，安帕瓦就是其中之一。与一般景点不同的是，来此的游客几乎都是泰国人，充满浓厚的泰国平民风。市场旁有木造的古式建筑，还有深具古早味的杂货店，让人仿佛步入时光隧道。安帕瓦的萤火虫极负盛名，太阳下山后，可从水上市场直接搭乘长尾船，观赏在岸边特定的树种上闪着荧光的萤火虫；运气好的话，停在树旁，轻摇树枝，萤火虫还会飞到长尾船附近逗留。可惜近年来因特殊树种减少，加上游客使用闪光灯照相，使萤火虫数量大幅减少。来此游玩务必关闭相机的闪光灯，并压低音量，将这美丽的画面留在记忆中。

DATA　MAP ▶ P115-A2
交 搭乘 BTS 至胜利纪念碑站，转搭小巴士 (MINI VAN) 或包车前往，车程约 2 小时　时 周五至周日 12:00~20:00；搭船看萤火虫周五至周日 17:00~21:30　费 搭乘小巴士每人 70 泰铢，包车约 1000~1500 泰铢；长尾船每人 60 泰铢

Chapter 5 分区导览篇

王朝古都巡礼
大城 Ayuthaya

大城，在曼谷北方约100公里处。这个东南半岛的中心城市，度过了417年的繁华盛世，又历经战乱的摧残，留下的历史古迹多已遭到破坏，不过仍可见到大部分的遗迹。雄伟壮丽的佛寺与佛塔，亦可见其受到高棉及婆罗门教文化的影响，更于1991年被联合国教科文组织定为世界级保护古迹之一。若要遍览大城风光，需要花费不少时间，建议可选择几处代表性的建筑，来趟泰国文化发祥地巡礼。

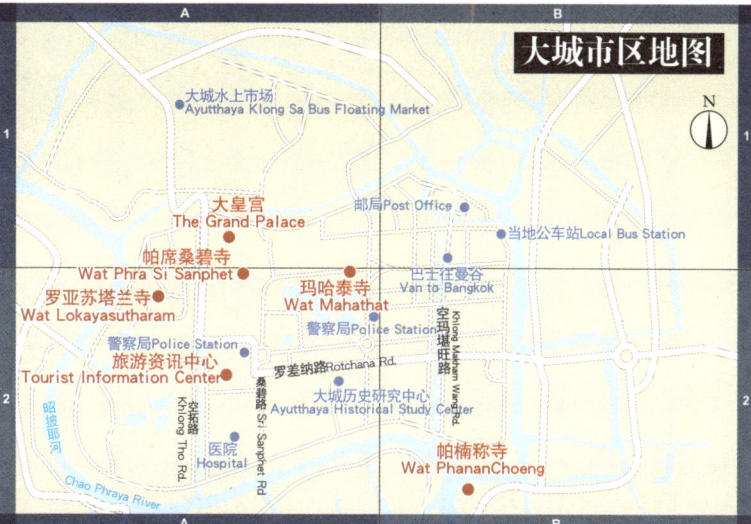

如何前往大城？

■ 火车
　　搭乘MRT到曼谷华蓝蓬（HuaLamphong）火车站，搭乘北线或东北线前往大城（Ayutthaya）站的列车。每天4:20～22:25，1小时1班，车程约90分钟，车资15～315泰铢（按车厢等级）。

■ 巴士
　　从曼谷搭乘巴士前往大城，可由位于Kamphaeng Phet 2路上的"北部巴士总站Mo Chit"Northern Bus Terminal搭乘。班次05:30～19:20，每隔30分钟一班，车程约90分钟，单程车资约50泰铢。

■ Mini Van
　　自曼谷民主纪念碑站（Victory Monument）搭乘往大城方向的mini van，车程约1.5小时，车资60泰铢，须坐满10～12人才开车。

玛哈泰寺 Wat Mahathat

玛哈泰寺，兴建于14世纪，是大城最古老的庙宇，昔日整个寺庙内总共拥有300多座佛塔和十余处僧院，佛塔高度达44米，但因泰缅战争无情的战火，原来的大殿只剩下斑驳的砖墙和残垣瓦砾的地基，纵使如此，残留的遗迹仍可窥见出当年华丽的样貌。其中最有名的遗迹，就是被偷盗者遗弃在菩提树干内的树中佛首。20世纪时，陆续挖出佛像、动物造型的黄金供箱等珍贵史物，目前都陈列在Chao Sam Phraya 国立博物馆内展出。

DATA MAP ▶ P119-A2
交 Ayutthaya 站搭乘巴士或嘟嘟车，约10分钟可抵
时 8:00~18:00 票 门票50泰铢

帕楠称寺 Wat PhananChoeng

在大城王朝建立以前，帕楠称寺就已经兴建了，据说是为了纪念郑和曾造访大城而修建。缅甸军队入侵时，帕楠称寺竟奇迹般地未受到战火波及。寺内的金箔大佛（Phra Chao Phananchoeng）高19米，当地华侨称"三宝公"，前来参拜这尊古老大佛者，可谓络绎不绝；每逢农历新年，华侨们更是把这里挤得水泄不通。

DATA MAP ▶ P119-B2
交 Ayutthaya 站搭乘巴士或嘟嘟车，约10分钟可抵
时 07:00~18:00 票 门票20泰铢

帕席桑碧寺 Wat Phra Si Sanphet

在1448年以前，帕席桑碧寺原址为大城的皇宫。寺庙里共有3座高大的锡兰式佛塔，分别安放了3位国王的骨灰。除此之外，从东边残破的僧院中，仍可看见有莲花柱头装饰的支柱，以及具有大城特色的条状窗与方格窗。每年1、2月，这里还有大城与缅军作战的声光表演。大城王朝鼎盛时期，帕席桑碧寺与大皇宫，被称为"亚洲最巧夺天工的宫殿式建筑"，如今也被联合国教科文组织誉为"吴哥寺第二"。

DATA MAP ▶ P119-A2
交 Ayutthaya 站搭乘巴士或嘟嘟车，约15分钟可抵 时 07:00~18:00 票 门票50泰铢

Chapter 5 分区导览篇

皇室最爱度假胜地
华欣

华欣洁白的沙滩，在椰子树和碧海蓝天的陪衬下，绵延了将近5公里，形成一条优美的弧线。一端是宁静的渔村，一端是隐秘的拷涛海滩（Khao Tao）。早在1920年，华欣便成为泰国贵族的度假胜地，尽管至今游客络绎不绝，却依旧保留着皇室的优雅魅力。得天独厚的海滩美景、连绵的顶级度假饭店和高级别墅，成为此地最具特色的景观。

华欣地图

- 往爱与希望之宫
- 华欣医院 Hua Hin Hospital
- 华欣机场 Hua Hin Airport
- 克莱康汪寺 Wat Klaikangwon
- 钟汶里华欣医院 Thongburi Hua Hin Hospital
- 碧卡泰路 Phetkasem Rd.
- 当朗叻路 Damrongrat Rd.
- 钟欣路 Chom Sim Rd.
- 华欣夜市 Hua Hin Night Market
- 迪差奴奇路 Dechanuchit Rd.
- 安帕兰华欣寺 Wat Ampharam Hua Hin
- 里阿潭罗发路 Liap Thang Rofai Rd.
- 华欣火车站
- 当能卡参路 Damnoen Kasem Rd.
- 那蕊达迷路 Naretdamri Rd.
- 暹罗湾 Gulf of Thailand
- Cicada 创意市集
- 塔基亚山 Khao Takiap
- 凯拉山 Khao Krailat
- 巴迪帕松园 Suan Son Pradiphat

华欣火车站

华欣火车站，建于1911年，距今已有百年历史。火车站带动了华欣的发展，让皇室及皇室以外的游客更方便到此一游。华欣火车站古色古香，不管是门窗或屋顶、售票窗口等，都以柚木建构；白色的木墙简单而有力地支撑着山顶形的红屋顶，色彩搭配协调而完美。候车站旁还有一个精致的独立候车间，以栏栅围起，是泰皇抵达华欣时的御用候车间，里面的陈列只供游客站在栅栏外参观。

图片提供／泰国旅游局

DATA　　　　　　　　　　　**MAP ▶ P121-A2**
交 从火车站出来步行即是，搭计程车或嘟嘟车可抵
地 Damnoen Kasem Rd. 与 Liab Tang Rotfai Rd. 交叉口

爱与希望之宫 Maruekhathaiyawan Palace

爱与希望之宫，是华欣当地最著名的景点，为拉玛六世为他的爱妃所建。融合英国与泰国建筑风格，由1080根柱子撑起的16栋木头高脚建筑，以一道道长廊连接，直达海滨。这一栋栋黄色柱子、淡蓝绿色墙板、红色屋顶的建筑中，包含剧院、秘书办公室、饭厅和内宫等，部分空间展示了昔日皇族的照片及皇室收藏。园区还有吊桥和滨海庭园，可以租辆脚踏车四处逛逛，享受悠闲的时光。

DATA　　　　**MAP ▶ P121-B1**
交 搭计程车或嘟嘟车可抵
地 距离七岩海滩约10公里
电 0-3250-8028
时 08:00~16:00

Cicada 创意市集

Cicada创意市集占地5000平方米，分为表演区、购物区、美食区及艺术区。由私人经营管理，为创作者提供营业场所，每天上网登录就可以拥有至少4平方米的摊位。园区内经过设计规划，充满时尚感，游客逛起来非常方便。除七彩缤纷的T恤，还有独一无二的手工皮包，也有画家们在此设点，吸引不少艺术爱好者前往。表演区有歌唱、乐团演唱及哑剧；美食以小吃居多，也有特色咖啡馆可供休憩。

DATA　　　　　　　　　　**MAP ▶ P121-A4**
交 沿华欣主干道 Petchakasem Rd. 往南方 Pranburi 方向，离市区约15分钟车程 地 Suansri, Hua Hin 电 081-880-4004 时 每周五、六 16:00~23:00，每周日 16:00~22:00

华欣夜市 Hua Hin Night Market

比起大都市，华欣或许没有太多夜间娱乐可供选择，但这里的夜市却是一处值得消磨时光的好地方。位于华欣的市中心，以7-11为中心向两旁延伸，数十家摊贩、小吃店夹杂，雕花香皂、泰丝制品、七彩灯饰、手工杂货……琳琅满目的商品让观光客眼花缭乱。此外，路旁总有店家会祭出新鲜肥美的海鲜，以吸引路人的目光，即使刚用过餐也难逃其魅力，忍不住还想吃点什么解解馋。

DATA　　　　　　　　　　**MAP ▶ P121-A2**
交 搭计程车或嘟嘟车可抵 地 Phetkasem Rd. 和 Dechanuchit Rd. 交界 时 18:00~24:00

泰国皇室海上乐园
芭堤雅 Pattaya

芭堤雅，隶属春汶里府（Chon Buri），位于曼谷东南方147公里，仅需2小时车程即可到达。昔日为泰国皇室海上俱乐部所在地，原本只是一个小渔村，后因天然条件佳、距离首都近，泰国政府拨出专款开发建设，吸引大量游客前来，以湛蓝通彻的大海和泰国人妖表演而闻名于世，素有"东方夏威夷"之美称。芭堤雅主要是一条长约4公里的滨海道路，两侧有饭店、酒吧及餐厅，还有充满南国风情的椰子树、棕榈树和沙滩，度假气氛浓厚。游客可在海边消磨一整天，体验滑水、冲浪、拖曳伞、潜水等水上活动，或乘坐渡船、水翼艇前往珊瑚礁外岛浮潜。

真理寺 Sanctuary of Truth

该寺由沙没巴干府古城（Muang Boran）所有人 Mr.Lek Wiriyaphan 于1981年出资兴建。整栋真理寺全由木材建造而成，被公认是泰国最佳的建筑代表作之一。最高的佛塔有105米高。寺庙正面屋顶采用大城时期的建筑风格。寺内一天还有两场海豚表演，及骑马、搭马车游览、乘快艇等活动，也可参观驻寺工匠们示范木雕技艺。

芭堤雅地图

DATA MAP ▶ P123-C1
交 搭计程车或嘟嘟车可抵
址 206/2 Moo5 Naklua 12 Naklua Rd.,Banglamung,Chon Buri
电 0-3836-7229 时 08:00～17:00 网 http://www.sanctuaryoftruth.com

迷你暹罗国 Mini Siam

这里展出的主题,是全泰国第一座展现泰国传统遗迹的微缩奇观,也是继荷兰和中国台湾之后,全世界第三个小人国。园内展出泰国历史上重要的文物及由古代到现代的不同文化历史遗迹,总共超过100座模型,每个以1:25制作,惟妙惟肖。

图片提供／泰国旅游局

DATA MAP▶P123-C1
- 交 搭计程车或嘟嘟车可抵 地 387 Moo 6,Sukhumvit Rd.,Bang Lamung District,Pattaya 电 0-3872-7333 时 07:00~22:00
- 网 http://www.minisiam.com

迷你雕刻艺术博物馆 Bottle Art Museum

该博物馆是由荷兰籍的 Bij De Leij 花费15年时间所创立。馆中总共收藏300多件珍奇美丽的玻璃瓶。艺术家们以绝佳的想象力,将泰国庙宇、建筑等做成迷你模型,然后放入彩色的玻璃瓶中,再加以固定。每个作品都费时费工,而成品宛如一个个小小世界般令人大开眼界。

图片提供／泰国旅游局

DATA MAP▶P123-C2
- 交 搭计程车或嘟嘟车可抵
- 地 79/15 Moo 10,Sukhumvit Rd.,Soi Seri Kilometer No.145.3, Bang Lamung District,Pattaya
- 电 0-3842-2957 时 09:30~19:00

芭堤雅文化主题乐园 Alangkarn

在占地70公顷的主题乐园中,规划有超大型豪华剧院、可容纳1000人入座的餐厅、湖泊、钟塔及星光楼。豪华剧院可容纳2000位观众,媲美泰国南部知名的普吉幻多奇,节目主要有更现代的声光秀、烟火及各种色彩鲜艳的激光效果,呈现出让观众满足视觉的极致表演。

图片提供／泰国旅游局

DATA MAP▶P123-C3
- 交 搭计程车或嘟嘟车可抵 地 34/1 Moo 7, Na-Jomtien Subdistrict, Sattahip District,Pattaya 电 0-3825-6000 时 17:30~23:30
- 网 http://www.alangkarnthailand.com

信不信由你乐园 Ripley's World of Entertainment

全球第25座分馆、亚洲第二座"信不信由你乐园",展示冒险家 Ripley 在世界各地周游时搜集的各种奇闻怪事和物品。里面陈列200多幅来自世界各地珍奇异事的图片及蜡像人,10个主题展厅总共展出超过数以百计的作品。除展览外,这里还有高科技视听馆、波形隧道、变形镜、不平衡房间、逼真的机器人演讲等设施,同样让人拍案叫绝。

DATA MAP▶P123-B2
- 地 3 Floor,Royal Garden Plaza,Pattaya 电 0-3871-0294 时 10:00~24:00 网 http://www.ripleysf.com 交 搭计程车或嘟嘟车可抵

清迈 主要景点
北方玫瑰避暑胜地
Chiang Mai

有"北方玫瑰"之称的清迈，位于曼谷北方700公里，地处海拔300米高的山谷中，是泰国第二大城，保存有许多文化遗产，又有"艺术建筑之宝殿堂"的美称。由于清迈被喜马拉雅山末端形成的山脉丘陵所环抱，使她遗世独立，比中部曼谷与南部海岛，保有更多的古老文化。随着交通及观光的发展，在斑驳的城墙之外，出现越来越多的饭店、餐厅酒吧。老外聚居的清迈大学周边成了时髦住宅区，让清迈多了点时尚，新旧交融，形成新的清迈情调。

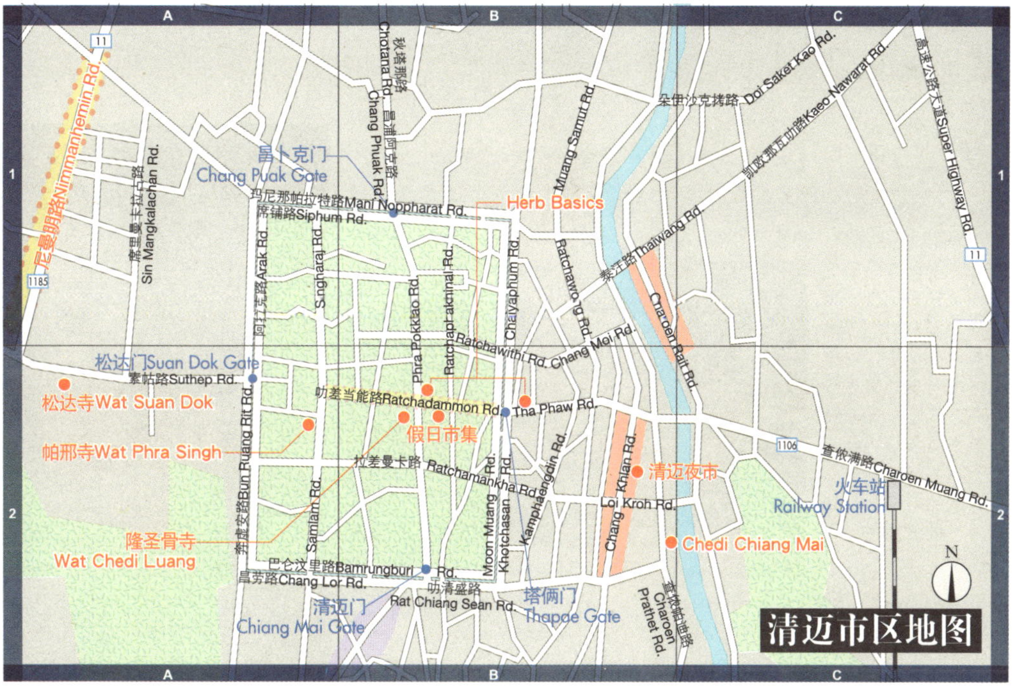

清迈市区地图

125

帕邢寺 Wat Phra Singh

帕邢寺，是清迈香火最旺的寺庙。寺内主殿是建于19世纪初兰纳王朝晚期的莱康主殿。与其他寺庙相比，莱康主殿不算大，但整体建筑相当细致精巧，主殿内墙上有许多佛经故事壁画，可一窥早期兰纳王朝的生活状态。寺庙后方的高台上，有一座典型的兰纳时期木造建筑，其中收藏有许多佛经。主殿后方有一座相传由法育王（King Pha Yu）下令兴建，以供奉其父的佛塔。佛塔侧方还有一处可供信徒以圣水灌礼佛塔顶端的小型缆车。游客可到此为自己与家人祈福。

松达寺 Wat Suan Dok

此寺建于14世纪，是兰纳王朝皇室花园的所在地，又称"花园之寺"。寺中巨大的钟形佛塔，是纪念玛哈泰拉苏玛那和尚而建，泰王库那王（King Ku Na）邀请他从锡兰到清迈来讲经，就让他住在这座花园中。佛塔旁有墓园及其他皇室遗迹。第二座佛塔中的青铜佛像已有500年历史，是泰国最大的佛像之一。

DATA   MAP▶P125-A2
交 搭计程车或嘟嘟车可抵 址 Suthep Rd., Chiang Mai 时 06:00~18:00

DATA   MAP▶P125-A2
交 搭计程车或嘟嘟车可抵 址 Rajdamnoen Rd. 与 Samiam Rd. 交叉口, Chiang Mai 电 0-5381-4164 时 08:00~18:00

清迈古城

地图上的清迈城围规矩方正，与护城河一起捍卫着这座古城。外城墙因城市发展被拆除而成为历史，护城河的宽度则缩减至不足10米，成了清迈居民散步的路线。清迈城门位于南方围墙中央，自古就是主要通道；西门可通往著名的松达寺，也是现今车水马龙的交通要道，并连接一段保存最为完整的古城墙。红砖堆砌而成的旧城墙虽已倾颓，然而却在阳光的照射下，散发出浓厚的古国风情。

DATA   MAP▶P125-B2
交 从搭当地红色双条车及嘟嘟车可抵 址 Suan Dok Gate, Suthep Rd. Chiang Mai / Chiang mai Gate, Bumrung Buri Rd., Chiang Mai

隆圣骨寺
Wat Chedi Luang

隆圣骨寺,位于清迈古城正中央,寺庙的泰文意思为"大塔",顾名思义就是在寺中有座雄伟的佛塔。这座佛塔极具兰纳王朝建筑风格,距今已超过600年,虽然在16世纪时遭遇强震,又在泰缅战争期间受到波及而损毁,不过已在联合国教科文组织与日本政府的协助下,逐渐修复。

DATA MAP▶P125-B2
🚖 搭计程车或嘟嘟车可抵 📍 Phrapokklao Rd.,Chiang Mai ☎ 0-5327-8593 🕐 09:00~17:00

假日市集

每到周日才有的假日市集,是一处连当地人都非常喜爱逛街采买的地点。傍晚从塔佩门(Thapae Gate)一直到帕邢寺(Wat Prasing)前的整条叻差当能路(Ratchadamnoen Rd.)会开始封街,禁止任何车辆通行,各式各样的摊贩就开始出笼。除琳琅满目的手工艺品、服饰、生活杂货之外,也有不少美味又便宜的小吃摊,像炒面、烤肉串或烤花枝,大约只要10泰铢。建议可在晚上6:00前到此,当6:00整一到,所有逛街的人潮和摊贩,就会停下手边的事、立正站好,恭敬地唱完国歌后才又恢复夜市的热闹,是一种很有趣的体验。

DATA MAP▶P125-B2
🚖 搭计程车或嘟嘟车可抵 📍 Ratchadamnoen Rd.,Muang,Chiang Mai 🕐 16:00~22:00

Herb Basics

清迈塔佩门(Thapae Gate)附近的Herb Basics是一家专门贩售居家SPA产品的商店,简洁明亮的店面,加上物美价廉的多样化商品,很受女性朋友喜爱。这里的SPA商品种类繁多,超过20种以上的纯天然精油、沐浴用品、洗发精、按摩油、手工香皂、芳香蜡烛等,都标榜使用天然香料与植物性精油,并且都在清迈当地生产、制造,价格非常优惠。果香护唇膏只要19泰铢,纯植物精油最低从40泰铢起。可爱精巧的包装会让人一不小心就疯狂采买,是送礼、自用两相宜的实惠佳品。

DATA MAP▶P125-B2
🚖 搭计程车或嘟嘟车可抵 📍 344 Thapae Rd.,Muang,,Chiang Mai; Ratchadamnoen Rd.,Muang,Chiang Mai ☎ 0-5323-4585, 0-5341-8289 🕐 周一至周五 10:00~18:00,周六、日 14:00~21:00

清迈老街

清迈是个适合慢慢走、慢慢逛的城市，除古城区塔佩门周边的塔佩路（Tha Phaw Rd.）、仑巴特路（Charoen Prather Rd.）和昌康路（Chang Klan Rd.）之外，与清迈市中心隔着滨河（Ping River）相望的查隆叻路（Charoenraj Rd.）同属 Wat Kate 区，是一条韵味十足的老街，沿街餐厅、酒吧、商店林立。这条街最特别的是保留了许多传统兰纳与缅式建筑，以柚木建造，散热排水效果佳；这些老房子皆有百年以上的历史，如今大多改造为艺廊、艺术咖啡馆等。沿着老街散步，可一边欣赏古建筑之美，一边逛逛特色店铺，浓浓的古典艺术气息，让人感到浪漫又放松。

DATA 交 搭计程车或嘟嘟车可抵　地 塔佩门东南方一带，Tha Phaw Rd. Charoen Prather Rd.Chang Klan Rd.Charoenraj Rd.　MAP▶P125-B2

清迈夜市

清迈夜市是过去中国云南地区的商人，前往缅甸做生意途中在清迈稍事休息，顺便在东门就地交易而演变的市集。夜市位于清迈市精华地段昌喀蓝路（Chang Khlan Rd.）两侧，贩卖商品以棉布服饰、棉制家饰品、丝制品、手工艺品及泰北部落服装为主，货源除泰北之外也来自缅甸、印度及中国等地，因为相当富有民族特色，所以吸引了许多欧美游客前来采买。

DATA 交 搭当地红色双条车及嘟嘟车可抵　地 Chang Khlan Rd,Chiang Mai　时 18:00~01:00　MAP▶P125-B2

尼曼明路 Nimmanhemin Rd.

这几年的清迈，已不再是与世隔绝的北方古城。泰国人的设计天分为清迈增添了不少时尚新味，而其中最不可错过的朝圣地就是尼曼明路（Nimmanhemin Rd.）。尼曼明路的精彩之处，在于与其垂直相交的十多条巷子里，聚集贩售服饰、家饰、精品、艺廊、餐馆、民宿、咖啡馆等设计风格独特的店家。由于设计风潮的群聚效应，每家店都争相打造独具一格的门面与空间，令人为之惊艳。从 1 巷到 17 巷、2 巷到 12 巷，游客最好预留大半天的时间才能好好寻宝，逛个彻底，以免因为时间不够而无法买得尽兴。

DATA 交 搭计程车或嘟嘟车可抵　地 Nimmanhemin Rd.　MAP▶P125-A1

Chapter 5 分区导览篇

远离尘嚣的优雅景致
清迈郊区

距离清迈市区半天路程之遥的郊区，有多处更贴近自然的淳朴风光。无论是到坐落于乡间的象园骑象、参观传统纸伞与银器工艺，或是来场丛林秘境冒险游戏，都非常值得特地前往游览。

双龙寺
Wat Phra That Doi Suthep

双龙寺，又名素帖寺，建于1383年，是清迈郊区最重要也最显著的地标，可俯瞰整个清迈市及乡间景色。据说泰北发现释迦牟尼佛的舍利子，当时的人将舍利子放在白象背上，由白象自行寻找供奉舍利子的位置，最后白象落脚在素帖山上。这便是双龙寺建庙的由来。目前双龙寺的金色佛塔中，仍供奉着佛祖舍利子，因此每年都吸引世界各地的佛教徒前来朝圣。

DATA　MAP▶P129-A2
交 在清迈动物园站搭乘Doi Suthep-Doi Pui线的双条车前往　地 Doi Suthep,Chiang Mai　时 09:00~17:00

博桑雨伞制作中心
Bor Sang Umbrellas Village

油纸伞制作技术源于中国的西双版纳，在朝圣僧侣的引进下来到清迈地区。早期作为供奉和尚用，200多年来逐渐发展出独特的风格，从彩色素面到鸟兽花草等图案，让纸伞不仅成为遮阳挡雨的工具，更成为民族艺术品。制作中心提供纸伞绘画体验，让游客创作属于自己独一无二的伞面。另外可顺道参观附近的P.Collection银器工厂，购买独特的泰国银器做纪念。

DATA　MAP▶P129-B2
交 在Tom Lam Yai搭乘Chiang Mai-Bor Sang-San Kamphaeng线的黄色巴士　地 111/2 Moo 3 Borsang Village,Sankamphaeng,Chiang Mai　电 0-5333-8324　时 09:00~17:00

湄登象园
Mae Taeng elephant park

泰国许多地方都有象园，最常见的就是大象表演和骑大象，而"湄登象园"活动可丰富许多，甚至有大象当场作画的表演。在象园中可以体验两种"交通工具"，去程骑大象、回程坐牛车，来回约50分钟的路程，多行走于树林绿荫，可好好欣赏清迈的乡野风光。到湄登河边还可以来一段竹筏漂流，30分钟的行程可从另一个角度好好领略清迈的山水风景。

DATA
🚌 搭当地红色双条车及嘟嘟车可抵 📍 35/1 Moonmuang Road, T.Prasing, A.Muang, Chiang Mai 📞 084-612-0772
🌐 http://www.chiangmaielephants.asia

丛林滑翔
Flight of the Gibbon

近几年，由国际滑索游戏设计专家，在这一大片1500年原始雨林内，打造了一座座既刺激又环保的"丛林滑翔"游戏，目前规模较大的是"Flight of the Gibbon"及"Jungle Fly"两家业者。Flight of the Gibbon请来新西兰专家，在深不见底的高耸树林间架设四种，共39个关卡的滑索游戏。经过重重关卡时，还能撞见与挑战者们一起吊臂游玩的野生长臂猿。为保护这座长臂猿栖息的原始森林，Flight of the Gibbon会将部分收入用来种植果树及林木，以保育这片珍贵的雨林。

DATA
📞 0-5301-0660~3 🌐 info@treetopasia.com

➡ 丛林滑翔怎么玩？

■ 事先上网选择及预约行程
需事先上网报名 Flight of the Gibbon：
http://www.treetopasia.com/zh/thailand-holiday/chiang-mai。网页有简体中文语言。

■ 包玩包吃包接送
针对不同等级玩法有不同套装行程，行程都包含专车至饭店接送、餐点供应或免费饭店住宿，费用从3299~7300泰铢不等。务必事先预约。
滑翔地点离大部分旅店约1小时车程，单次滑翔游戏全程约需6小时，至少需空出一天时间游玩。

■ 简便轻装开心前往
一开始需填写疾病确认表格，身心状态允许才能参加。活动从头到尾皆有专业教练指导，教练会确认装备安全后才开始。滑翔过程除相机外，身上不能携带任何物品，教练会带水让需要的人饮用。需穿着轻便舒适的服装及球鞋；避免蚊虫叮咬，建议可穿薄长袖及长裤。

泰北主要景点

艺术建筑之宝殿堂
Northern Thailand

泰国北部是极具民族文化特色的区域。地理上以清迈为中心，属高山地区，气候较泰国其他地方凉爽。整个泰北地区包括清迈、素可泰、湄宏顺与清莱。最北是以"金三角"名满天下的清莱，过去曾经是兰纳王国的势力范围，也是泰国最重要的北部边境，早期为制造鸦片的大本营，现今在泰国政府成功推动山地改造政策下，以高山大川的丰沛风光、神秘的过往色彩，成为游人喜爱造访的地区。若想寻访泰国文明的起源，那就得走一趟素可泰。她是泰国文化的摇篮。泰国今日风行的文字、艺术、文化与法规，多由素可泰时代建立，各时期留下来的佛寺和宫殿，均散发着丰厚的文化气息。而位于泰国西北边陲的湄宏顺，处处可见壮丽的瀑布、流泉与传奇的山居部落，充满原始粗犷的魅力，也塑造出当地特有的民俗风情。

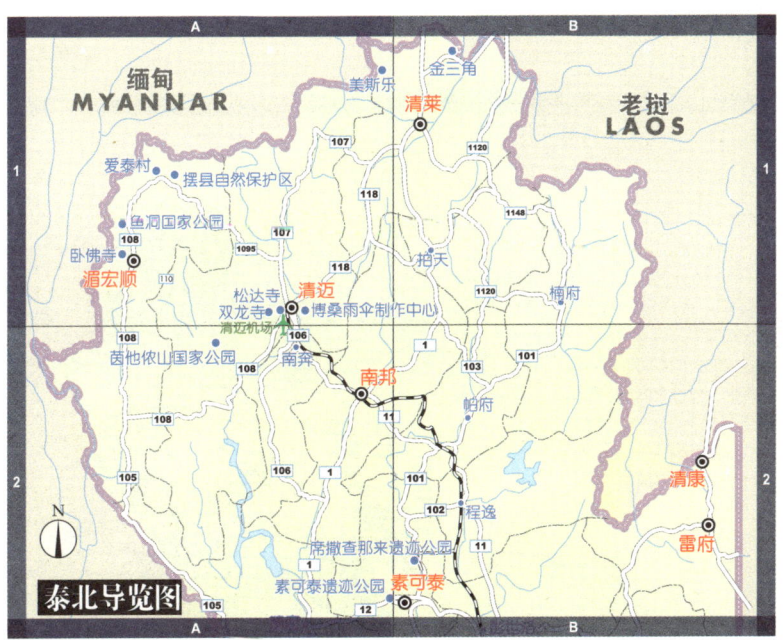

艺术典范黄金王朝
素可泰 Sukhothai

素可泰,原意"幸福的黎明",是泰国历史上第一个独立的王朝,全盛时期人口曾经达到30万;由于当时摆脱了雄霸中南半岛的高棉人控制,被认为是泰国民族的黄金年代。素可泰王朝虽然只有200多年,但不仅发明了泰国文字,"素可泰"也成为泰国艺术的代名词,更是泰国人心中的骄傲。

席撒查那来遗迹公园
Si Satchanalai Historical Park

席撒查那来遗迹公园,位于永河(Yom River)西岸,占地约45平方公里,佛寺零星散布其中,包括帕斯拉他纳玛哈泰寺(Wat Phra Si Rattana Mahathat)、雕刻石柱和39头精美大象的昌隆寺(Wat Chang Lom)、有30座小佛塔的杰地确涛寺(Wat Chedi Chet Thaeo)、大城式早期雕像的南帕雅寺(Wat Nang Phaya),以及坐落于山顶,可俯瞰席撒查那来遗迹公园的拷攀帕侬波棱寺(Wat Khao Phanom Phloeng)和拷苏婉葵寺(Wat Khao Suwan Khiri)。因为这些巍峨的君王宫殿与名刹,于1991年被联合国教科文组织列入世界文化遗产。

DATA MAP▶P132-B1
交 搭嘟嘟车及双条车可抵 址 Si Satchanalai District,Sukhothai 时 08:00~17:00
票 门票100泰铢

素可泰遗迹公园
Sukhothai Historical Park

素可泰遗迹公园，是认识素可泰王朝的重要古迹。最佳路线从兰坎亨国王纪念碑（King Ramkhamhaeng Memorial）开始。其中著名的十大景点，包括被称为"素可泰奥秘与精神中心"的玛哈泰寺（Wat Mahathat）、以四个四方形拱门闻名的谢图鹏寺（Wat Chetuphon）、兰卡式雕塑的杰地席洪寺（Wat Chedi Si Hong）、高棉尖笋型塔的席沙维寺（Wat Si Sawai）、建盖在小山上的沙潘欣寺（Wat Saphan Hin）、佛像闻名于世的席中寺（Wat Si Chum）、园区最古老的帕裴銮寺（Wat Phra Phai Luang）、观赏日落最佳位置的撒席寺（Wat Sra Si），以及珍藏象征素可泰王朝荣耀的瓷器、佛像的兰坎亨国立博物馆（Ramkhamhaeng National Museum）。

DATA MAP▶P132-A2
交 从素可泰车站搭嘟嘟车及双条车，约20分钟可抵 址 Muang Kao Sub-district, Muang District, Sukhothai Province
时 08:00~18:00 费 门票100泰铢

素可泰水灯节
Sukhothai Loi Krathong and Candle Festival

每年农历的第 12 个满月之夜，通常为西历 11 月，即为素可泰的水灯节（Sukhothai Loi Krathong）。水灯节最大的目的，就是让大家了解河流为万物富饶的根源，同时也表示感念佛陀的教化。一般认为泰国水灯节的习俗，源自于这座拥有 700 年历史的古城，而素可泰历史遗迹公园的水灯节活动，正是全泰国规模最大的节庆之一。每逢节庆当日，傍晚时分小贩及人潮便涌入遗迹公园，大伙席地而坐，观赏灿烂的烟火、民族舞蹈表演、精彩的声光秀、水灯设计比赛及水灯大游行。平日静谧的素可泰夜晚，在此时被装点得绚烂无比。

图片提供／Takeaway@Wikimedia.org

图片提供／泰国旅游局

帕斯拉他纳玛哈泰寺
Wat Phra Sri Rattana Mahathat

席撒查那来遗迹公园和素可泰遗址，属于同一时期的建筑。其中帕斯拉他纳玛哈泰寺虽然在城墙外围，但在历史上具有其重要地位。它的造型优雅，融合泰国与缅甸寺院建筑风格，还曾被誉为是泰国最美丽的寺庙之一。整座庙宇兴建于 13 世纪，不过目前所见遗址是在 18 世纪中叶大城王朝时期重建的。佛塔上的雕塑细致精美，入口处所见的佛塔为缅甸风格造型，四面都有一尊佛像。

DATA　　　　　　　　　　　　MAP▶P132-B1
🚌 从素可泰新城车站搭乘前往席撒查那来遗迹公园的巴士，记得跟车主说要在席撒查那来遗迹公园下车，车程约 1 个多小时　地 席撒查那来遗迹公园内
📞 0-5525-2743　🕐 08:00~18:00

旧城区夜市

素可泰旧城区晚上虽然没有夜生活，但主要街道还是有一整排餐厅迎接旅客上门。想尝尝当地的口味，7-11 斜对面的小型夜市是个不错的选择。旧城夜市摊位不多，大约晚上 9:00 过后就收摊，所以可别太晚去。夜市里除有小面摊外，还有泰国人最爱的炸丸子、香甜的印度香蕉蛋饼及香气四溢、光泽油亮的烤鸡；来自泰国东北部的酸肉糯米球，吃起来别具滋味，买上几样，再配杯冰奶茶，也是一顿丰盛的泰式晚餐？

DATA　　　　　　　　　　　　MAP▶P132-A2
🚶 距离素可泰遗迹公园步行约 10 分钟　地 素可泰旧城区主要道路上　🕐 傍晚时分至 21:00 左右

Chapter 5 分区导览篇

独特的民族风情
湄宏顺 Mae Hong Son

湄宏顺地图

湄宏顺，是泰国次北的府城，北部和西部边境与缅甸接壤，无论是宗教建筑还是田园风貌，都受到缅甸文化的影响。这儿人烟稀少，而且一直到最近的十余年间，它才公诸于世。更令人赞叹的是，湄宏顺除了在生态自然上维持原始、未遭破坏之外，在这里，还可享受悠闲自在的乡村生活、丰富多变的山川水色、传奇神秘的山居部落，尽情体验独特的泰北风情。

昌冈寺和昌康寺 Wat Jong Kham & Wat Jong Klang

许多游客首选的造访景点就是池塘旁的醒目地标，昌冈寺和昌康寺。白天，这两座寺庙在阳光照射下，显得庄严而又神圣；到了夜晚，在灯光与柔和月光的衬托下，则又显得耀眼动人；站在池塘的另一侧，还可同时欣赏水面的倒影。这两座寺庙迄今约有近200年的历史，是当地居民的信仰中心。由于湄宏顺再过去就是缅甸，因此这里的庙宇建筑也多受缅甸影响，如屋顶上的银雕装饰纹路，即属于缅甸风格。

DATA MAP ▶ P135-A2
交 搭乘双条车或嘟嘟车可抵 址 湄宏顺市中心 Nong Jong Kham 池塘南边 时 08:00~21:00

135

湄宏顺夜市
Mae Hong Son Night Market

每天傍晚大约 5:00 多，这条连接主要街道 Khunlam Praphat 路和池塘北边的小道上，就开始出现摊贩摆摊的画面，不过人潮通常要等到晚餐过后 8:00~9:00 的时间才会出现，假日更经常挤得水泄不通。

湄宏顺境内有许多少数民族，他们的手工艺品都相当出色，在这夜市里就可以找到很多物美价廉的纪念品；另外也有不少当地特色 T-shirt。其中写着从清迈到湄宏顺共有 1864 个弯道的 T-shirt 最受欢迎。除纪念品外，夜市里当然也少不了小吃摊位，从 Khunlam Praphat 路往南的方向走过去约 500 米左右的空地上，还有一整区的泰北小吃。

DATA MAP ▶ P135-A2
交 搭乘双条车或嘟嘟车可抵 址 池塘畔琵雅民宿旁，通往市区主要道路 Khunlam Praphat 路上 时 17:00~22:00

Meeting 餐厅

这家位于湄宏顺市中心池塘畔的餐厅，是一栋以深色木头搭建的两层楼建筑。餐饮价位出奇便宜，几乎和路旁的小吃店一样，而餐点味道也和价位一样的令人称赞！餐厅的餐点以泰式和西式为主，饮料种类也很多，还提供付费上网服务。餐厅 1 楼和 2 楼都设有露天座位区，可眺望池塘与昌冈寺和昌康寺。有些旅客干脆就坐在这里，点杯饮料，静静欣赏这优美的风光。

DATA MAP ▶ P135-A2
交 搭乘双条车或嘟嘟车可抵 址 Nong Jong Kham 池塘旁，Udom Chaonithet 路和夜市路口交叉处 时 07:00~23:00

帕德康摩寺
Wat Phra That Doi Kong Mu

位于康摩山（Doi Kong Mu）上的帕德康摩寺，是湄宏顺重要的信仰中心，是湄宏顺第一位统治者在 18 世纪中期建造的。这里居高临下，视野极佳，成为湄宏顺的必游景点。纯白色的佛塔在阳光下闪闪发亮，虔诚的泰国信徒依照自己出生日的当周，寻找佛塔上各个星期的方位来膜拜：星期一的佛像位置通常会另外在佛塔旁的一座小庙内，环绕佛塔周边的分别是星期二至星期日的佛像。其中星期三又分为上午和下午两个不同的佛像。如此特殊的膜拜方式，也来自于缅甸的影响。

DATA MAP ▶ P135-A2
交 可租车或开车直达山顶停车场 址 Doi Kong Mu 时 08:00~18:00

Chapter 5 分区导览篇

摆县 Pai

从清迈前往湄宏顺首府共有两条路线，一条车程较长，约 7~8 小时，另一条是最多旅客选择的路线，车程约 6 小时，中途会经过名为摆县（Pai）的小镇。在泰国的旅游杂志介绍及明星前来拍摄 MV 的推波助澜下，摆县成为新兴的山区度假小镇。这里有泰国少见的高山草原景观，加上悠闲自在的生活步调与亲切和善的居民，让许多游人爱上这里，甚至落脚经营餐厅或民宿。周边还有温泉、瀑布景观和很棒的庭园咖啡馆，很适合租辆摩托车到处逛逛。

DATA　MAP▶P135-B1
交 由湄宏顺车站搭乘 9 人小巴或普通公车前往（当地旅行社可帮忙代订车票）　址 距离首府湄宏顺 110 公里处　费 清迈出发或湄宏顺出发前往摆县的 9 人小巴，票价一律 150 泰铢，需在车站先买票。普通公车上车买票即可，票价约 80 泰铢。

摆县夜市 Pai Night Market

大部分的游客在白天时，不是租了摩托车到周边景点游玩，就是泡在餐厅里喝冷饮，然而随着黄昏时分的到来，街道上人群开始三三两两地聚集，夜市摊贩也开始准备营业，仿佛全镇的人都出来逛街了！夜市位于 Chaisongkram 和 Rangslyanon 路上，每天傍晚 6:00 开始，这两条路就会禁止车辆通行，变成步行区。摊位贩卖各种纪念品，一摊一摊逛下来，累了就找家餐厅或 Bar 坐下，听听现场演奏音乐，度过一个悠闲自在的夜晚。

DATA　MAP▶P135-B1
交 搭乘双条车或嘟嘟车可抵　地 Chaisongkram 和 Rangslyanon 路（位在镇中心最热闹的两条街上）　时 每天傍晚 18:00~22:00

爱泰村 Ban Rak Thai

当年在中国解放战争中，部分国民党军因战争败退而一路从云南撤退到缅甸，最后落脚于泰国北部山区，在泰北建立了 60 多座华人村；距湄宏顺市区约一个半小时的爱泰村，便是湄宏顺境内的 3 个华人村之一，也最具知名度。村内不同于泰国山区的文化景观，反成为一种观光特色，吸引了许多游客前来。村内景色宛如世外桃源，湖畔有许多颇具特色的民宿和餐厅，与湖泊相望的山坡上，可见排列整齐的茶园。这里生产的茶与云南料理，是不能错过的美味。

DATA　MAP▶P135-A1
交 从湄宏顺市区出发，沿 1095 号公路朝摆县方向出发，顺着指标往爱泰村的岔路前进，车程约 1.5 小时。

137

以“金三角”闻名天下

清莱

Chiang Rai

GOLDEN TRIANGLE
黄金三角

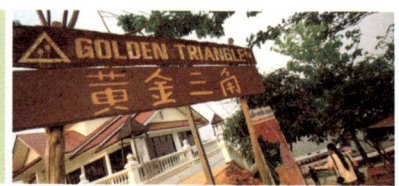

清莱府，是泰国最北的府城，距曼谷约830公里，北部及东北部与缅甸、老挝为邻。清莱的“金三角”，曾以其高海拔“罂粟种植区”而闻名于世。这里早期是罂粟花和制造鸦片的大本营，如今经政府指导，山地村民已改种果树和其他经济农作物。现在的清莱，则以其动人心魄的景致和峰顶寺庙、山区部落民族的奇异风情著称于世，优美的风光和雄伟的庙宇，也吸引着无数游客的青睐。因为靠近金三角地区，而且此地又被作为探险山区远征队的基地，在近十年中，此地逐渐发展，除有专为外国观光客所设的餐厅、购物商店外，新建的旅馆四处林立，也有参观山地部落的旅行社，提供各种长短不同的行程，既可以深入北部山区探险、享受山林美景，又能拜访遥远奇特的山地部落，因此满足了许多热爱冒险的游客，也成为最吸引人的游览项目。

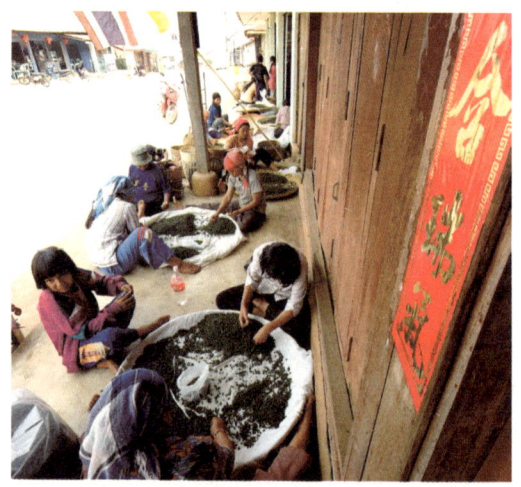

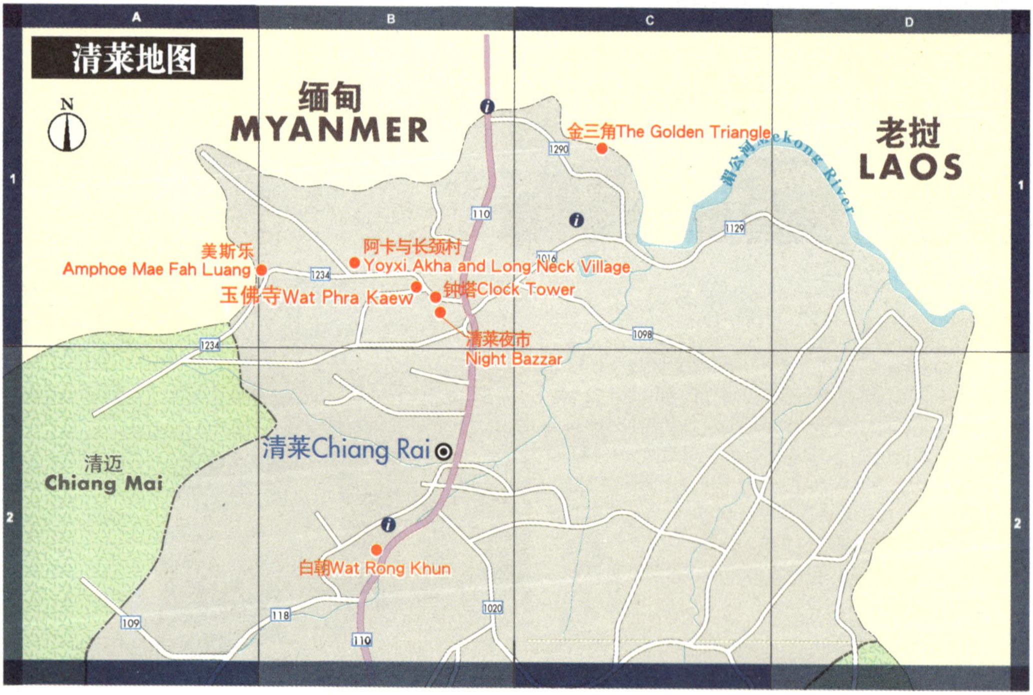
清莱地图
A
B
C
D
1
2
N
缅甸
MYANMER
老挝
LAOS
金三角The Golden Triangle
湄公河Mekong River
美斯乐
Amphoe Mae Fah Luang
阿卡与长颈村
Yoyxi Akha and Long Neck Village
玉佛寺Wat Phra Kaew
钟塔Clock Tower
清莱夜市
Night Bazzar
清莱Chiang Rai
清迈
Chiang Mai
白朝Wat Rong Khun
1290
110
1129
1016
1234
1098
109
118
1020

金三角 The Golden Triangle

金三角为湄公河流经泰国、老挝、缅甸国界，并与缅甸边境如阿克河（Ruakn River）交汇而形成的三角洲；旧时以种植罂粟花并提炼成鸦片、海洛因出口世界而闻名，后因国际舆论压力，泰国政府推动"皇家计划"，辅导此区农民改种有机蔬菜、花卉及果树等经济作物，且成效良好。今日到金三角游玩，可至码头搭乘10人座小船或40人座大船，游览湄公河三国风光，途中甚至可登上老挝的小岛，参访当地市集；上岛无需办理签证，所以也吸引了不少观光客前往。

DATA   MAP▶P138-C1
交 从清莱巴士站可搭前往清盛（Chiang Sean）巴士站下车，之后转搭嘟嘟车或双条车前往金三角 地 清莱最北方

阿卡与长颈村

阿卡与长颈族这两个少数民族村落，散布于湄占（Mae Chan）河谷。阿卡族妇女的头饰极富特色，由绚丽多彩的羽毛和银质钱币制成，相当吸引人的目光。

长颈族其实不是泰国的原住民，而是从缅甸过来的难民。他们从小就要在脖子上套一条黄铜颈圈，每两年要再加上一条，到死都不能取下。除了脖子，双手双脚也都套有铜环。

DATA   MAP▶P138-B1
交 搭当地双条车及嘟嘟车可抵

玉佛寺 Wat Phra Kaew

曼谷的玉佛寺在泰国寺庙中享有极高的地位，因此就算它寺庙供奉玉佛，也不能称做玉佛寺，但清莱这座玉佛寺是唯一的例外。玉佛寺的玉佛来自于清莱，最早是由缅甸运送至清莱供奉，后来又转到曼谷的玉佛寺。清莱这座玉佛寺，因为佛像被请到曼谷去了，所以又特地从缅甸再运来一尊玉佛供奉，寺名依旧称为玉佛寺。清莱玉佛寺原名为帕牙寺（Wat Pa Yia），是清莱地区最古老的寺庙之一，为当地居民的信仰中心。寺内除供奉玉佛的主殿外，还有一处佛教博物馆，详述曼谷与清莱玉佛寺的渊源，并陈列不少佛教宝物，值得参观。

DATA   MAP▶P138-B1
交 从旧车站搭双条车前往约5分钟，车资每人20泰铢，自行走路前往约40分钟 地 19 Moo 1, Tambol Wiang, Ampur Muang, Chiang Rai（9Trairat路上，美军医院对面）时 07:00~18:00，博物馆开放时间 09:00~17:00

钟塔 Clock Tower

历时两年多兴建完成的钟塔，自 2009 年正式落成以来，即成为清莱市区最醒目的地标。以金黄色打造的钟塔在阳光照射之下，闪耀着炫目的光彩，让人无法逼视；夜晚时，投射灯由下往上照射，则又呈现另一种静谧庄严的气氛。每天晚上约 7:00、8:00 和 9:00 整点前的十几分钟，钟塔周边开始出现聚集的人潮。这些人都是为了观赏金光闪闪的钟塔准时上演的声光秀，搭配"清莱之歌"的音乐，开始变换各种华丽色彩，为清莱的夜晚增添了不少色彩。

DATA   MAP▶P138-B1
交 从旧车站步行前往约 15 分钟 址 Yet Yot 路和 Banphaprakan 路交叉口 时 每晚 19:00、20:00、21:00 点整有声光秀

清莱夜市 Night Bazzar

位于清莱市中心旧车站旁边的清莱夜市，是旅客来到清莱不容错过的景点。傍晚开始营业，有不少贩卖泰北少数民族特色手工艺品的摊位，是采买纪念品的最佳去处，还可挑战自己的杀价功力，体验讨价还价的乐趣。规划有序的夜市，除纪念品摊位外，还有两大小吃广场。广场中央是露天用餐区，两旁则是琳琅满目的小吃摊，有炸海鲜、烤肉串和泰北才有的猪血米线等。这里的老板记性超好，点完餐点后自行到广场用餐区入座，店家会亲自将食物送到桌上，不需在一旁等待。广场中央还有一处大舞台，每天晚上都有现场民谣演唱或人妖歌舞，可以一边享用美食，一边欣赏表演。

DATA   MAP▶P138-B1
交 市区旧车站旁 时 每日傍晚至 22:00

白庙 Wat Rong Khun

不同于一般泰国庙宇的金碧辉煌。清莱市郊的白庙以纯白色展现其独特之处。白庙的名字是隆坤寺，但大部分人都以白庙称呼。这座造型特殊的庙宇是由泰国艺术家 Chalermchai Kositpipat 亲自设计监造，自 1997 年动工迄今尚未完工，目前仅大殿完工开放参观。主殿内墙上有设计师亲自画的壁画。大殿旁有一处博物馆，展示该设计师的画作，有时还会看到设计师亲自在此跟民众解说他的理念。博物馆旁有一座金碧辉煌的建筑，实际上是一处洗手间，因为外观太豪华，所以吸引了不少人拍照留念。

DATA   MAP▶P138-B2
交 从市区旧车站搭乘前往美穗（Mae Sueay）的公车，嘱告诉车主到 White Wat，即可在通往白庙的路口下车，也可包嘟嘟车前往 址 Tambon Pa O Don Chai Road, Muang, Chiang Rai 电 0-5367-3579 时 06:30~18:00 网 http://www.watrongkhun.org

Chapter 5 分区导览篇

南邦 Lampang

想感受更怀古的泰北，不妨驱车造访南邦。有公鸡城之称的南邦，到处都可以看见公鸡标志，相传释迦牟尼来到南邦化缘，因为居民贪睡晚起而没有食物可吃，天神见状便牺牲自己，化身为一只白公鸡，负责叫南邦人起床煮饭。虽然传说归传说，但实际上南邦的确是个拥有千年历史的古城，街道上还保留着许多传统木造建筑，可从中一窥其历史风华。

DATA　MAP▶P131-A2
交 从清迈可搭巴士至南邦，每30分钟一班，票价约30泰铢

南邦夜市 Lampang Night Market

晚上的重头戏就是"逛夜市"。这是最能亲近南邦普通民众生活的方式，不过也要挑对日子和地点。南邦的夜市主要有两个区域：一是南邦步行街，每周六、日摆摊；另一条是文化步行街，是每周五的夜市。南邦夜市的范围不小，不过仍有一条是主要街道。到了傍晚，各种小吃、服饰、生活商品，左右两侧一摊挨一摊排开，和中国的夜市很像，人潮也挤得水泄不通。若错过夜市也不要紧，南邦老街上有许多特色商店，可以买到不错的设计商品。

DATA
交 曼谷至清迈每日六班火车途中皆停靠南邦，或可由清迈搭巴士至南邦，车程约1.5小时；至南邦即可搭双条车或马车到市区各处。
址 Thanon Talad GAO 旧市场路　时 每周六、日傍晚至22:00

马车之旅

南邦是泰国制造马车的重镇，有"马车城"之称，来一段马车之旅成了游南邦最热门的活动。游客可以挑选不同的游览路线，若从南邦主要河流汪河（Wang River）出发，在绿荫夹道下欣赏河岸餐厅、庙宇，走上马路，与汽车擦身而过，这种古今交错的氛围相当有趣；一路走走停停，可在古迹据点下车拍照，行程大约一小时，便可游览古城风貌。南邦传承马车制造工艺，现今仍有不少欧美人士前来订制手工马车，因此也有参观马车工厂的行程。

DATA
交 曼谷至清迈每日六班火车途中皆停靠南邦，或可由清迈搭巴士至南邦，车程约1.5小时；至南邦即可搭双条车或马车游市区。

雷府鬼脸节
Phi Ta Khon & Bun Luang Festival

雷府是泰国东北的一座府城，距离曼谷约700公里。近年来因府内Dan Sai 小镇的"鬼脸节"越来越受到观光客注目，使得这个东北小府声名大噪。每年约6、7月举办的鬼脸节（Phi Ta Khon），由泰语原意"鬼追人"，演变为年轻男子在当天戴着鬼面具表演的传统节庆，如同泰国的万圣节。鬼脸节的由来有两种说法：一是源自于传统佛教神话，传说释迦牟尼最后一世转生为Vessandorn王子，回到他的城市，城内列满欢迎他归来的队伍，连妖魔鬼怪都前来庆贺；另一则，是凄美的爱情故事：从前有一对恋人，女方是千金小姐，男方是农奴。他们私奔后为躲避众人追逐，于是跑进一座佛塔洞穴里，不料洞口被人封住，这对恋人便饿死其中，化成厉鬼，连附近的小鬼都俯首称臣；当小鬼群起出动前来朝拜时，惊扰了当地居民，于是每年此时，人便戴上鬼脸面具、穿上鬼衣，祈求群鬼不要再出来骚扰民众，日后就成为鬼脸节的由来。

鬼脸节活动分3天进行。第1天在太阳升起前，到河边祈求神灵，仪式便展开；第2天举办大游行，年轻男子群魔乱舞，是整个节庆的重头戏，街上更贩卖许多小鬼脸的玩意，整个游行一点儿也不恐怖，倒像是一场嘉年华；第3天的祭典仪式，则为整个活动画下完美的句号。

由于Dan Sai 当地住宿点不多，节庆期间又有许多观光客涌入，游客可以选择在距离2小时车程远的古城清康（Chiang Khon）落脚，等鬼脸节结束后，还可在清康小城好好玩一玩。

DATA MAP ▶ P131-B2
由曼谷旧机场Don Muang airport 廊曼机场搭乘前往雷府Nok Air，约1小时抵达雷府机场，再开车前往Dan Sai，车程约2小时 大游行10:00–14:00 可至泰国旅游局网站查询节庆资讯 http://www.tattpe.org.tw/(S(0axqtqulin1jb1fviziqy1m1))/Main/Main.aspx

Chapter 5 分区导览篇

清康老街 Chiang Khon

百年古城清康（Chiang Khon）距雷府约2小时车程，虽然交通不比其他东北大城便利，但却非常值得到此一游。这座充满古老韵味的小镇，最热闹的地方就两条路：一条是上路；一条是下路。主要的商家、餐厅、旅馆等，都集中在湄公河畔的下路。下路是条刻意保留百年建筑样貌的街道，走在老街上，会让人有种时光倒流的错觉。老街两旁整排两层楼的木造房舍，脚踏车是主要的代步工具；居民一派闲散，当真是与世无争的清幽小城。

清康人相当重视他们的本地文化，就连店家贩卖的商品都必须要具有清康特色。商家集中的区域虽然只有几百米，却很好逛，也有本地的年轻人自己开设手做小物的设计商品店，几乎每一家店都可以挖到宝。若三五好友一起同游，建议可在街上找一家 Guest House 住下来，骑脚踏车漫游老街，供养街上化缘的僧人、河畔餐厅慢食兼赏景、逛逛特色小店，除了便利，更是体验清康生活的最佳方式。

若想消除旅途带来的劳累，可向当地人打听哪家按摩店最优，而这里的答案都只有一个，就是一位五六十岁，满头银发的 Kam Koy 婆婆。她是当地公认的按摩达人。

此外，到这里一定要尝尝泰国东北才有的特色煎蛋。小铁锅里放入一大匙牛油，再打上两个鸡蛋，等蛋稍微凝固后，放上肉丝等配料就完成了。虽然热量颇高，但配上一碗咸稀饭，真是超级美味啊！

DATA MAP ▶ P131-B2

交 由曼谷旧机场 Don Muang airport 廊曼机场搭乘前往雷府 Nok Air，约1小时抵达雷府机场，再开车前往，车程约2.5小时；或由 Dan Sai 开车前往，车程约2小时。

泰南・岛屿 主要景点

终极度假胜地
Southern Thailand・Island

泰国南部岛屿，向来被世界各地的旅游爱好者视为度假天堂。无论是开发已久的普吉岛、近几年成为南岛新宠的苏美岛，或是观光客较少踏足的洛坤府，岛上都提供十足完备的度假旅馆及各式水上活动。从平价民宿到顶级SPA饭店，从水上摩托、拖曳伞、浮潜到出海赏豚登岛探险，所有想得到的南海游乐，都能在这里获得满足。加上泰国古老的历史与宗教文化，整个旅程就变得更加精彩丰富了！泰南岛屿就像散布在南洋海上的珍珠，永远在这片海域上闪闪发亮！

Chapter 5 分区导览篇

洛坤
Changwat Nakhon Si Thammarat

洛坤,是泰国南部最大府,也是一座历史悠久的古老城市,为泰南两个古王朝之一。洛坤府内共有1000多座寺庙,是全国寺庙最多的地区。每年在此举行盛大的"万佛节",可说是洛坤一年当中最重要的节日。

万佛节 Makha Bucha

每年泰历3月15日(公历2月18日)在洛坤举行的万佛节,可追溯到780年前。当时,来自斯里兰卡的船带来一条布,送给国王被供奉在庙里,而有了公布的仪式。到了拉玛王朝二世,便将此仪式命名为"供僧布围金塔",成为泰国唯一以黄布条绕行佛塔的祈福活动。

泰国人相信若想要上天堂,一生至少要来这里一次;在黄布条上写下祈文及愿望,然后将布条缠绕在佛塔上,如此死后就能上天堂。信众们从四面八方蜂拥而至,让平日宁静的历史古都,顿时变得热闹起来。参加此盛会时切记不可穿拖鞋,需做简单庄重的打扮。

出海赏粉红海豚

紧邻苏叻他尼府的洛坤府外海,有美丽的海湾地形,拥有许多未曾开发的海滩及两座国家公园。其中由11个岛屿组成的 Moo Koh Thalay Tai 国家公园,因海水清澈温暖无污染,是印太洋驼海豚,也就是粉红海豚最常出没的地点;顾名思义,粉红海豚真的是粉红色的喔!幼海豚的颜色是灰色的,长大后会变成粉红色,常可以看到海豚妈妈带着小海豚觅食玩耍。游客可搭船从洛坤府最北端的卡侬 Khanom 出发,在湛蓝的海平面上追寻可爱的粉红海豚优雅的身影,也可划独木舟造访周边离岛,由当地保育员随行,到无人岛沙滩种海草,为保护环境生态尽份心力。

图片提供/泰国旅游局

如何到洛坤 & 赏粉红海豚?

■ 到洛坤的交通
1. 飞机:可从曼谷苏汪纳蓬机场转搭 Thai AirAsia 泰国亚洲航空或 Nok Air 飞鸟航空到洛坤,一天约有3~5班,航程约1个多小时。
2. 火车:从曼谷华蓝蓬 Hua Lampong 火车站搭乘往南部的列车,每天有2班,开车时间为13:00~14:00,在 Thung Song 站下车,下车后再转搭巴士、计程车或嘟嘟车到市区及海边。
3. 巴士:在曼谷的南部巴士总站 Sai Dai Mai 搭乘,每天都有一班巴士往返洛坤,车程约12小时。

■ 寻找粉红海豚
需事先向卡侬旅游服务中心洽询
DATA 址 40/24 Moo.2 Khanom 电 (+66)075326573; (+66)814777028 (Mr. Lee) E info@khanomfishingandtour.com 费 出海赏海豚1日游,成人1200泰铢、儿童800泰铢,须达6人才成团出海。网 http://www.khanomtour.com/th.htm

145

纯净悠活的椰子之岛
苏梅岛 Samui

苏梅岛，位于泰国南部的苏叻他尼府（Surat Thani）外海，是泰国第三大岛屿，又称"椰子岛"。椰子是这里的特产，每月平均有200万颗椰子被运到曼谷贩售。苏叻他尼府包含大大小小数百个美丽岛屿，其中最知名的是苏梅岛和帕安岛（Koh Pha-ngan）。苏梅以美不胜收的海滩风情和丰富的海上活动，吸引着许多观光客前来，而帕安岛则是以满月派对（Full Moon Party）闻名，成为旅游的大热门景点。

苏梅岛地图

龟岛 Koh Tao

外形像是一只乌龟的龟岛（又称倒岛），从苏梅岛搭乘飞翼船约一个半小时船程，途中会停靠帕安岛。龟岛以纯净的天然环境闻名，而美丽的珊瑚礁和丰富的海洋生物，成为潜水客向往的海底乐园。岛上仍保有淳朴的景致，就像十几年前的苏梅岛一般。想体验淳朴版的苏梅岛，不妨登岛入住。

DATA　MAP▶P146-B1
交 从苏梅岛的纳通码头（Nathon Ferry Pier）、迈南码头（Ma eNam Ferry Pier）、波卜码头（BoPhut Ferry Pier）搭渡轮可抵 地 苏美岛外海11点钟方向

南缘岛 Koh Nang Yuan

距离龟岛仅约10分钟船程的南缘岛（又称海鸥岛），可说麻雀虽小，五脏俱全。岛上有一家度假饭店、一家餐厅和一家潜水中心。但想要登上这座私人岛屿，须缴纳100泰铢的登岛费，而且严禁携带塑胶制品，如饮料瓶等，以确保环境不受污染。这座由3个小岛组成的世外桃源，海水清澈见底，沙滩边的海域就可看到一大群热带鱼，海域风平浪静，十分安全，因此成为浮潜菜鸟的练习基地，也是超好的亲子浮潜胜地。

DATA　MAP▶P144-B1
交 从龟岛搭渡船可抵 地 龟岛外海10点钟方向

帕安岛 Koh Pha-ngan

帕安岛，位于苏梅岛北边约14.5公里，面积约197平方公里，是附近最大的岛屿，也是亚洲最大的电音天堂。岛上最佳的景点就是世界知名的"满月派对（Full Moon Party）"所在地哈林半岛（Haad Rin）的Haad Rin Nok海滩。这几年，帕安岛不再只是年轻背包客的派对天堂，也有不少渴求探访世外桃源者，选择在此隐居度假。帕安岛住宿一晚的价格从300~30 000泰铢不等，悬殊甚大。想参加满月派对者请上网站查看每月派对日期，并记得要趁早订房。

DATA　MAP▶P144-B1
交 从苏梅岛的纳通码头（Nathon Ferry Pier）、迈南码头（Ma eNam Ferry Pier）、波卜码头（BoPhut Ferry Pier）搭渡轮可抵 地 苏梅岛外海1点钟方向 网 http://www.fullmoonparty-thailand.com

拉迈海滩 Lamai Beach

位于查汶海滩以南约 10 公里的拉迈海滩,是苏梅岛上第二热闹的海滩。虽然开发过程与查汶海滩相同,但这里规模较小,也多了难得的宁静与悠闲,拥有原始之美。

拉迈海域海水非常清澈,特别适合游泳,另有珊瑚礁堡,是潜水的好去处。海滩附近还有两家露天市场,值得游客前往一逛。

DATA
MAP ▶ P146-B2
交 搭计程车、双条车或摩托车可抵 址 苏美岛东方

图片提供／泰国旅游局

阿公阿妈石 Hinta-Hinyai

此处是拉迈海滩最南端的著名景点,石头造型经由天然风化而成,因状似男、女性生殖器而得名。阿公石笔直耸立在岩石上,阿妈石则远在 132 英尺之外,隐没在波涛汹涌的海中,只有在退潮时方可清楚看见。

DATA
MAP ▶ P146-B2
交 搭计程车、双条车或摩托车可抵 址 苏美岛东南方,拉迈海滩最南端

生蚝养殖场 Sinmana Farm

Sinmana Farm 生蚝养殖场,位于通往苏梅岛的达通河（Tathong River）出海口上,是全泰国面积最大的养殖场,占全国 60% 的产量。养殖场的老板 Som Chai 是个法官,利用工作之余,邀集达通村居民一起组成生蚝工会,教导他们如何以保护环境的方式来养殖生蚝,改善了居民的生活,后来更在河中央设立一座 Farmstay,接待游客到此,品尝不受污染的天然环境培育出的肥美生蚝。架设在海上的木造房看似简易,却也非常舒适干净,还提供简单的住宿空间。为保护这片纯净的海域,老板会禁止游客携带饮料及食物前来,以免制造垃圾而污染环境。除鲜嫩肥美的生蚝外,老板还会热情提供各式各样的海鲜料理,尝过的人都赞不绝口,想在这里多住几天呢!

↓ 如何前往？

想到 Sinmana Farm 来顿生蚝大餐,需事先预订,且目前只接受 20 人以上团体预约（可并团）。
DATA 电 0-815-977-675, Mr. Somchai E sinmana_farmstay@yahoo.com 费 每人 1000 泰铢,其中包含苏叻他尼 Racha Ferry Pier 码头来回接送船资、品尝生蚝、海鲜大餐、使用游乐设施等,如需住宿,则每人再加收约 500 泰铢。

Chapter 5 分区导览篇

安达曼海上的珍珠
普吉岛 Phuket

普吉岛，是泰国最大的一座岛屿，也是唯一一个拥有自己独立一级行政区划的岛屿，周围有 39 个小离岛环绕，与泰国本土由一座撒拉辛桥（Sarsin Bridge）连接。普吉名字源自于马来西亚语"Pukit"，为"山丘"之意，数百年前因盛产锡矿，造就了丰富的矿采收入。而近 20 多年来，普吉致力于观光产业，利用湛蓝的海水、弦月形海滩等天然地理条件，发展各式潜水与水上活动，并有许多高级度假村与饭店进驻，加上国际机场等现代化设施，让这座位在安达曼海上的热带岛屿，成为举世闻名的海滩度假天堂。普吉因为不仅是世界知名的热带观光胜地，其丰富的天然资源也替泰国带来不小的财富，而被誉为"泰国的珍珠"。

图片提供／edwin.11

149

普吉市区 Phuket Town

普吉市区，位于普吉岛中心，也是岛上的第二大街，大型购物中心及商店林立，是普吉岛当地人主要的居住地及生活圈，因此无论是街头巷尾，都能找到口味地道的泰国菜餐厅。每逢周末晚上，更有大规模的夜市，除贩售各种特色商品外，还有各种独具风味的普吉岛小吃。走一趟普吉市，可以感受到有别于海滩风情的质朴本地生活。

图片提供／Stew Dean

普吉周末夜市 Phuket Weekend Market

只在周末夜晚聚集的 Phuket Weekend Market 是普吉市最热闹的市集。由于多为当地人前来光顾，商品的价格比其他观光区便宜。这里能找到便宜的二手商品和手工精品，市集内也有小吃摊，贩售种类丰富的普吉小吃，若想品尝地道美食，这里绝对不会让你失望。

图片提供／coolinsights

DATA
交 搭乘嘟嘟车、双条车、计程车、电单车等可抵 址 M4 Wirathongyok Road, Phuket（普吉市 Wat Naka 寺庙对面） 时 每周末 16:00~24:00

▶ 市区及岛内交通

- 嘟嘟车：上车前需先谈好价钱。往返于同一区域，如来回皆在巴东附近，仅需 10~20 泰铢；若为长距离，如普吉市到巴东海岸，约 200 泰铢以上。人数较多时不妨包车，一天的价格约 800 泰铢。
- 租车：巴东夜市有多家租车公司，有国际驾照即可租车。费用：摩托车约 150~300 泰铢，吉普车 700~1000 泰铢。
- 岛内公车：约 30 分钟一班，班次 07:00~17:00，票价 15~20 铢。
- 海滩巴士：若住在普吉市区，则有开往各海滩的巴士，分蓝色、绿色（有空调）两种。运营时间为 07:00~18:00，每 30 分钟由市区 Ranong 路市场发车。
- 普吉市观光网址：http://phuketcity.go.th/frontpage

▶ 地道美味报你知

Mee Hokkien 的福建炒面
Sapam 村的 Mee Sapam 餐厅是一家以福建炒面（Hokkien Mee）闻名的老店。以鸡蛋和青菜为主，加入猪肉或鱼肉，加上葱和辣椒后拌炒而成，是当地最流行的午餐。
DATA
址 Thepkasattri Road, Sapam Village, Phuket
电 076-212-106

Kanohm Jin Phuket 的招牌早餐
Hor Mok 是这里的招牌菜，也是普吉岛常见的早餐。面上淋各式口味的辣咖喱，还有用新鲜虾子、莱姆、青葱、辣椒做成的虾酱，配上各种不同的蔬菜，如沙拉、水煮蛋、糕点及好吃的鱼酱等。
DATA
址 Tungka Str., Phuket

Mae Porn 的咖喱沙拉 Nam Prik Goong Siab
风味独特的干咖喱与虾米配上新鲜的岛上时令蔬菜，口感类似沙拉，有些微辣，位于攀牙路上的 Mae Porn 餐厅以此道餐点闻名。
DATA
址 Soi Pradit, Phuket, Thailand
电 076-211-389

Chapter 5 分区导览篇

巴东海滩 Patong Beach

巴东海滩,是普吉岛开发最完善的海滩区。这片长约4公里的海湾,处处游艇飞驰。喜欢潜水的人可以租到潜水装备,来一趟精彩丰富的潜水之旅。

这里也充满了旅馆、购物商场、小吃摊和手工艺品店,最值得一提的是餐厅云集。泰式海鲜尤其著名。其中首屈一指的菜色是巨型普吉龙虾,肉质极为鲜美。

DATA MAP ▶ P149-A2
交 搭计程车或嘟嘟车可抵 址 普吉岛西南

图片提供／泰国旅游局

巴东夜市 Patong Night Market

沿着巴东海滩的巴东夜市,以 Bang La Rd. 最有逛街人气,当看见闪着"WELCOME TO PATONG"的霓虹灯时,便是巴东夜市在向你招手了。这里有百货商场、美食餐厅、咖啡店、手工饰品店及 Pub、Disco,是普吉岛入夜后最热闹的地方。街上的 Pub 几乎都有女性陪酒,燃起不少男性游客火热的情绪,是普吉岛情色夜生活的重点所在。除此之外,还有钢管酒吧与人妖酒吧,花样之多令人啧啧称奇。普吉的夜晚也并非全然莺莺燕燕的情色,也有 Live Band 现场演奏。

DATA MAP ▶ P149-A2
交 搭计程车或嘟嘟车可抵 地 Bang La Rd.,Phuket

查侬寺 Chalong Temple

查侬寺,是普吉岛上最大的寺庙,拥有崇高的地位及华丽的建筑风格。寺内主要供奉 Luang Pro Chaem、LuangPor Chuarg 和 Luang Por Gluam 三位德高望重的高僧。

DATA MAP ▶ P149-B2
交 搭计程车或嘟嘟车可抵 地 Chaofa West Rd.,Chalong,Amphur Muang,Phuket

从饭店到机场······ **154**
旅人资讯············ **157**
实用旅行泰语········ **158**

Chapter 6
旅游资讯篇

从饭店到机场

打道回府，满载而归

由曼谷市区返回苏汪纳蓬国际机场的交通路线，与机场至曼谷市区相同，但回程时要考量需在起飞前两个小时，到达机场办理出境等各项手续的时间因素，最好事先了解乘车资讯，确认是否需要转乘等问题，以免延误班机时间。

◯ 机场快线 Airport Rail Link

机场快线是从曼谷市区直达机场最快且可避免塞车的交通路线。若饭店就在机场捷运线车站附近，可以直接搭乘。

◯ 巴士 Bus

巴士虽然费用便宜，但是必须先搭车前往公车转运站后，再转搭机场接驳车 Shuttle Bus 才能抵达机场。加上曼谷市区容易塞车，若要选择搭乘巴士，务必多留时间，以免因转乘和塞车而延误。

◯ 计程车 Taxi

快速道路的计程车过路费需额外支付，可在路边拦车，也可请饭店代为叫车。上车前记得要先问清楚是否跳表，不跳表就不要搭，以免被敲竹杠。

◯ 专车接送

通常饭店都可代为安排，如果同行人数多则较划算，但要考量曼谷市区的交通状况，需预留充分时间。

◯ 退税与出关

只要充分了解泰国的退税规定，按照步骤办理退税及出关手续，就可以顺利返家。

◯ 如何退税

只要符合退税规定，就可以在机场办理退税手续。建议最好前一晚就整理好相关收据及退税物品，当天至少提前 2.5 小时抵达机场，以免延误登机时间。

退税资格
1. 非泰籍的外国旅客。
2. 在泰国停留不超过 180 天。
3. 非航空公司职员。
4. 搭乘国际航空公司的航班。

退税款的支付方式
1. 不超过 30 000 泰铢的退税款，可以选择以现金（泰铢）、银行汇票、或信用卡转账。
2. 超过 30 000 泰铢，可使用银行汇票或信用卡转账。

如何出关

抵达机场完成登机手续后，就要准备出关。出关的手续与从国内出发时的手续相同，只要确实遵守出境规定，可以一步步通往回家的路。

机场出关 Step by step

如何申请退税优惠

1. 需于购买后 60 天内携离出境。
2. 需携带护照，在张贴 "VAT REFUND FOR TOURISTS" 标志的商店内购物。
3. 申请退税的商品总值需超过 5000 泰铢，且在单家商店的 购物总值不得少于 2000 泰铢。
4. 购物后请店员填写两份退税表格并盖上店章，将发票贴在表格上。于 Check in 之前，至贴有 "VAT REFUND FOR TOURISTS" 标志的海关办公室，出示表格及商品检查。
5. 出关查验护照后，在 "VAT REFUND FOR TOURISTS OFFICE" 出示以上所有表格与文件，以便取得退税的款项。

申请退税手续费

1. 现金退款，需付手续费 100 泰铢。
2. 银行汇票退税：需付手续费 100 泰铢，另加银行开票费及邮局收取之邮递费。
3. 信用卡退税，需付手续费 100 泰铢，另加银行收取之汇兑费及邮资。

DATA
VAT REFUNF 海关退税办公室：
苏汪纳蓬机场出境大厅 4 号出口附近
VAT REFUND FOR TOURIST OFFICE：
登机门 Gate D 旁（D1~D4 或 D5~D8）
退税详细资讯查询：http://www.rd.go.th/vrt

Step 1 机场 Check in：退税之后进入航厦，可由电子荧幕找到航空公司柜台的位置，准备机票、护照，即可至柜台报到并托运行李。

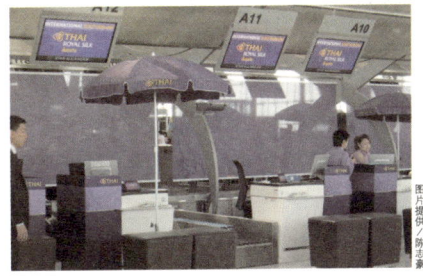

Step 2 离境安检（Departure）：Check in 后前往 Departure 出境处，出境时出示登机证，并注意随身行李携带规定。

Step 3 往免税商店与登机门候机（Boarding Gate）：通过安检后就是免税商店区，但请先确认荧幕上显示的登机门距离再开始逛，须在飞机起飞前半小时到登机门候机。

🌀 机场私房餐厅

打破旅客"机场没有美食"的印象，曼谷机场的"私房餐厅"，已然成为旅客们绝对要到此一游的景点。回家前别忘了再享受一次地道的泰式美味，为旅程做一个完美的Ending！

机场员工餐厅 Magic Food Point

位于1楼的 Magic Food Point，是机场的员工餐厅。虽以机场员工为主要服务对象，但也对外开放。餐厅内多达20几种泰式特色小吃，有如百货公司的美食街，平均价格在30~100泰铢。旅客先至服务台购买票券后，再持票券购餐，用不完的餐券还可兑换回现金，相当人性化。

DATA
地 机场1楼左侧，8号出口附近
时 24小时营业

🌀 机场最后血拼

曼谷机场，是全东南亚最大的机场，为了满足来自世界各地的旅客，机场内设有泰式美食餐厅及各式各样的免税商店。位于机场4楼，长达900米的免税商店街，从各类香水、保养品、菸酒，到贩售泰式商品、0:00的店家都有，甚至还贴心设置了按摩店为旅客舒缓疲劳。建议可提早到机场，把还没买到、没吃到的都一起解决吧！

必买的商品

● **NARAYA 曼谷包**
被称为"空姐包"的曼谷包，在泰国当地价格非常便宜，若在曼谷来不及买齐或行李塞不下，可以再补货。

● **Jim Thompson 免税商品**
Jim Thompson 的泰丝商品，同样是旅客的最爱，若还缺少什么伴手礼，在机场的免税店中可要把握机会。这里的售价又比曼谷市区更便宜，可以多带些小饰物或家饰品回去。

● **Boots**
来自英国的药妆店 Boots，在机场可买到泰国限定商品，如强调天然无副作用，提炼自茉莉花、木瓜、柠檬、鸡蛋花等制作的"Saibai-arom"保养系列，还有提神用的精油，价钱便宜很多。

必做的一件事

● **泰式按摩**
一趟旅程下来，收获多，但疲劳也累积不少，难得在机场也有泰式按摩店。这时当然要好整以暇，放松提行李赶飞机的紧张情绪，回国前再来最后一次泰式马杀鸡。

S&P 餐厅

S&P 全世界最大的泰式餐饮连锁店，在机场也设置分店，料理以泰国菜为主，如泰式炒河粉、泰式炒饭；饮料和甜点选择多元，如泰式奶茶和咖啡冰沙，也是必点美味，因为平价且地道，深受旅客喜爱。

DATA
地 机场3楼　费 约160泰铢起

旅人资讯

有了这些旅游资讯，一切都搞定！

如何拨打电话

拨打国际电话

1. 北京直拨至泰国：0066+（区域号码去掉0）+电话号码。
2. 泰国直拨回北京：0086+（区域号码去掉0）+电话号码。

拨打手机

在泰国，手机漫游也非常便利，只是费用较高，建议在泰国当地超商，购买DATC的Happy Tourist手机储值卡，不但可通话还可以免费上网，非常便利。

公用电话

一般公用电话可拨打国际电话，不过曼谷的网吧非常普遍，价格也很便宜，可上网使用skype等网络电话，省下话费。

汇率与兑换

人民币与泰铢的汇率约为5.3:1（2014.11）。中国大陆目前有中国银行、工商银行可以兑换泰币。

▶ 更多介绍，详见P052

自身安全

财物

特别是在购物、转机和退房时，个人的贵重物品要随身携带，并随时注意，出门在外切记财不外露。另外，在泰国与毒品相关的违法行刑非常重，在机场或任何地方，如有人前来搭讪，并请托代为携带行李，务必拒绝，以免因内藏毒品、枪械等而触犯法律遭到逮捕。

交通

泰国靠左行车，与中国相反，行走时要注意交通安全。如果对路不熟或不会说泰文，建议使用下榻饭店的计程车服务，并请饭店柜台人员以泰文写下前往的地点。

观光

不要接受不明人士主动提供的导游服务。在热门景点，如大皇宫玉佛寺，请不要相信任何主动提供服务者，以免被带到珠宝店强迫消费，引发纠纷。

▼ 紧急联络电话

- 泰国观光局旅游服务中心：直拨1672，服务时间：08:00~20:00。
- 观光警察：曼谷直拨1155，提供旅游资讯、便利信息，并保障游客安全、受理旅客申诉及报警服务。曼谷市以外的地区，需使用市话拨打1155，24小时受理。
- 中国驻泰国大使馆联系电话

曼谷	0066-854833327
清	0066-81-8823283
宋卡	0066-81-7665560
孔敬	0066-809366070

▼ DATC Happy Tourist 手机储值卡

- 一般便利超商，如7-11、全家便利店皆可购买。
- 手机储值Sim卡大小size皆有，各机型皆适用。
- 首次购买，一张49泰铢，内含15泰铢通话费，若不够可再储值。
- 免注册，插卡立即开通，开卡后送24小时免费网络服务。

实用旅行泰语
现学现卖嘛ㄟ通！

🌙 基本对话
你好
สวัสดีครับ(男) / ค่ะ(女)
sawat dee khrap (男)/kha (女)
早安
สวัสดีตอนเช้า   sawat dee dtawwn chaao
午安
สวัสดีตอนบ่าย   sawat dee dtawwn baai
晚安
สวัสดีตอนกลางคืน
sawat dee dtawwn glaang kheuun
不好意思！
ขอโทษครับ(男) / ค่ะ(女)！
khoht thoht khrap (男)/kha(女)！
对不起！
ขอโทษครับ(男) / ค่ะ(女)！
khoht thoht khrap (男)/kha(女)！
谢谢你！
ขอบคุณครับ(男) / ค่ะ(女)！
khaawp khoon khrap (男)/kha(女)！

🌙 询问方向
你能告诉我___怎么走吗？
ช่วยบอกหน่อยได้ไหมครับ(男)/ คะ(女)ว่า ไปอย่างไร？
chuay baawk naawy dai mai khrap wa bai yang rai？
(男)
chuay baawk naawy dai mai kha wa bai yang rai？(女)
这是往___的方向吗？
ทางนี้ไปที ไหมครับ(男)/ คะ(女)？
thaang nee bai ti mai khrap？(男)
thaang nee bai ti mai kha？(女)
你能告诉我我们在地图上的位置吗？
คุณช่วยบอกผม(男)ฉัน(女)หน่อยได้ไหมครับ(男)/ คะ(女)
ว่าผม(男)/ฉัน(女)？

khoon chuay baawk phohm naawy dai mai khrap wa
phohm yuu dtrohng nai nai phaaen thee？(男)
khoon chuay baawk chan naawy dai mai kha wa chan
yuu dtrohng nai nai phaaen thee？(女)
请问这附近有 BTS/MRT/ 火车/公车/MINI VAN 的车站吗？
ขอถามหน่อยครับ(男)/ค่ะ(女)ว่าแถวนี้มีสถานีBTS/MRT/รถไฟ/
ป้ายรถเมล์/รถตู้ไหม？
khaaw thaam naawy khrap wa thaaeo nee mee sathaa
nee BTS/MRT/roht fai/bpaai roht maeh/roht dtuu
mai？(男)
khaaw thaam naawy kha wa thaaeo nee mee sathaa
nee BTS/MRT/roht fai/bpaai roht maeh/roht dtuu
mai？(女)
请问这班车有到 ___ 吗？
ขอถามหน่อยว่ารถคันนี้ไปถึงที   หรือเปล่า？
khaaw thaam naawy wa roht khan nee bai theng thee
reuu bplaao？

🌙 饭店住宿
我想 Check in
ผม(男)/ฉัน(女)อยากเช็คอินครับ(男)/ค่ะ(女)
phohm yaak checkin khrap (男)
chan yaak checkin kha (女)
单人床
เตียงเดี่ยว   dtiiang diaao
两张单人床
เตียงเดี่ยวสองเตียง   dtiiang diaao saawng dtiiang
三人房
ห้องพักสามคน   haawng phak saam khohn
你好，我需要一间房间共___晚/天
สวัสดีครับ(男)/ค่ะ(女)，ผม(男)/ฉัน(女)คืน/วัน
sawat dee khrap, phohm dtawng gaan haawng neung
thang moht   kheuun/wan (男)
sawat dee kha , chan dtawng gaan haawng neung
thang moht   kheuun/wan (女)

我的房号是几号？
เบอร์ห้องของผม(男)/ฉัน(女)เบอร์อะไร？
buuhr haawng khaawng phohm buuhr aria？（男）
buuhr haawng khaawng chan buuhr aria？（女）
可以寄放行李吗？
ขอฝากของกระเป๋าได้ไหมครับ(男)/คะ(女)？
khaaw faak khaawng gra bpao dai mai khrap（男）/
kha（女）？
电视 / 冷气 / 马桶 / 吹风机 / 热水壶有问题
TV/แอร์/ชักโครก/เครื่องเป่าผม/กาน้ำร้อนมีปัญหา
TV/aae/chak khrohk/khreuuang bpao phohm/gaa
naam raawn mee bpan haa
我要退房。
ผม(男)/ฉัน(女)อยากเช็คเอ้าท์ครับ(男)/ค่ะ(女).
phohm yaak check out khrap（男）.
chan yaak check out kha（女）.

请给我们账单。
เก็บเงินด้วยครับ(男)/ค่ะ(女).
gep ngen duay khrap(男)/kha(女).
你们接受信用卡吗？
คุณรับบัตรเครดิตไหม？
khoon rap bat khraeh dit mai？
我的餐要外带。
อาหารของผม(男)/ฉัน(女)ใส่ถุงครับ(男)/ค่ะ(女).
aa haan khaawng phohm sai thong khrap（男）.
aa haan khaawng chan sai thong kha（女）.

 购物

这要多少钱？
อันนี้ราคาเท่าไหร่？
an nee raa khaa thao rai？
可以给我优惠吗？
ลดราคาให้ผม(男)/ฉัน(女)หน่อยได้ไหมครับ(男)/ค่ะ(女)？
Loht raa khaa hai phohm naawy dai mai khrap？（男）
Loht raa khaa hai chan naawy dai mai kha？（女）
可以试穿吗？
ลองใส่ดูได้ไหม？
laawng sai doo dai mai？
我的尺寸是
ผม(男)/ฉัน(女)
phohm(男)/chan(女) sai size
可以给我收据吗？
ขอใบเสร็จได้ไหมครับ(男)/ค่ะ(女)？
khaaw bai set dai mai khrap(男)/kha(女)？

 餐厅

请问有中文 / 英文的菜单吗？
ขอถามหน่อยว่ามีเมนูภาษาจีน/ภาษาอังกฤษไหม？
khaaw thaam naawy wa mee maeh nuu phaa saa
jeen/phaa saa anggrit mai？
洗手间在哪里？
ห้องน้ำอยู่ที่ไหนครับ(男)/ค่ะ(女)？
haawng naam yuu thee nai khrap(男)/kha(女)？

 紧急状况

请帮帮我，我被抢了！
ช่วยผม(男)/ฉัน(女)ด้วย，ผม(男)/ฉัน(女)！
chuay phohm duay, phohm tuk kamoi！（男）
chuaychan duay, chan tuk kamoi！（女）
请打电话给警察。
ช่วยโทรหาตำรวจให้หน่อย.
chuay、tho:h haa ˊ dtam ruaatˇ hai﹑naawyˇ.
我的行李遗失了。
กระเป๋าของผม(男)/ฉัน(女).
grabpao khawwng phohm haai bai laaeo.
grabpao khawwng chan haai bai laaeo.
我的护照 / 信用卡 / 皮夹不见了。
พาสปอร์ต/บัตรเครดิต/กระเป๋าของผม(男)/ฉัน(女).
phaat bpaawd/bat khraeh dit/gra bpao khawwng phohm
haai.
phaat bpaawd/bat khraeh dit/gra bpao khawwng chan
haai.
遗失物品管理处在哪里？
Lost & Found อยู่ที่ไหนครับ(男)/ค่ะ(女)？
Lost & Found yuu thee nai khrap(男)/kha(女)？
我需要救护车，位置在 ___
ผม(男)/ฉัน(女)ต้องการรถพยาบาล，ผม(男)/ฉัน(女)
phohm dtawng gaan roht pha yaa baan, phohm yuu
dtrohng
chan dtawng gaan roht pha yaa baan, chan yuu dtrohng

北京市版权局著作权合同登记图字：01-2014-4941
策　　划：丁海秀　李荣强
责任编辑：张　毅

图书在版编目（CIP）数据

第一次自助游泰国超简单／邱卉婷等编著．--北京：
旅游教育出版社，2015.1
ISBN 978-7-5637-3075-9

Ⅰ.①第… Ⅱ.①邱… Ⅲ.①旅游指南—泰国 Ⅳ.
①K933.69

中国版本图书馆CIP数据核字（2014）第279674号

本书由台湾宏硕文化事业股份有限公司授权出版

第一次自助游泰国超简单

邱卉婷　行遍天下记者群　编著

出版单位：	旅游教育出版社
地　　址：	北京市朝阳区定福庄南里1号
邮　　编：	100024
发行电话：	（010）65778403 65728372
	65767462（传真）
本社网址：	www.tepcb.com
E-mail：	tepfx@163.com
排版单位：	北京旅教文化传播有限公司
印刷单位：	北京嘉业印刷厂
经销单位：	新华书店
开　　本：	720毫米×1000毫米　1/16
印　　张：	10
字　　数：	154千字
版　　次：	2015年1月第1版
印　　次：	2015年1月第1次印刷
定　　价：	32.00元

（图书如有装订差错请与发行部联系）